AF672661

Die Gleichnisse Jesu

Die Gleichnisse Jesu

Tilo Linthe

Impressum

Copyright: Tilo Linthe
Jahr: 2023

ISBN: 978-9-40-369867-0
Verlagsportal: meinbestseller.de
Gedruckt in Deutschland
Lutherbibel, revidierter Text 1984, durchgesehene Ausgabe, © 1999 Deutsche Bibelgesellschaft, Stuttgart

Das Werk, einschließlich aller seiner Teile, ist urheberrechtlich geschützt. Jede Verwertung ist ohne Zustimmung des Verfassers unzulässig

Inhaltsverzeichnis

Vorwort

Diese Heftreihe ist aus der langjährigen Beschäftigung mit der Bibel entstanden. Als Pastor hat der Autor unzählige Gesprächsabende zur Bibel geleitet. Wichtigstes Anliegen war ihm, die Texte in unsere heutige Zeit zu übertragen und mit den Menschen, die sie lesen, ins Gespräch zu bringen.

Gleichzeitig sollen die Erkenntnisse der modernen Bibelwissenschaft in die Diskussion einfließen. Nicht um ihrer selbst willen, sondern vor allem dort, wo sie zu einem besseren Verständnis der Texte und ihrer Übertragung in unsere heutige Lebenswelt beitragen. Der Autor versucht sich hier einer einfachen und allgemein verständlichen Sprache zu bedienen, was in den komplexen theologischen Überlegungen nicht immer einfach ist.

Der Aufbau ist anders als üblich. Die Fragen und Gesprächsanregungen sind direkt in die Erläuterungen eingestreut, um zwischendurch immer wieder zur eigenen Auseinandersetzung und Diskussion anzuregen. Auf diese Weise kann man als Kleingruppe das Heft gemeinsam „durcharbeiten“, ohne dass sich jemand lange vorbereiten muss. Man liest gemeinsam den Bibeltext, betet und geht direkt in die jeweilige Einheit des Abends.

Der Abdruck des Bibeltextes geschieht mit freundlicher Genehmigung der Deutschen Bibelgesellschaft. Alle Texte und Zitate stammen aus der Lutherbibel von 2017.

Ich habe viele Erkenntnisse aus den Vorträgen eingearbeitet, die auf der Internetseite www.worthaus.org veröffentlicht wurden. Außerdem beziehe ich mich auf die Ausführungen Dr. Eugen Drewermanns, die in seinen Kommentaren zu den Evangelien veröffentlicht wurden.

Diese Hefte verstehen sich als praktische Hilfe, um über die Dinge ins Gespräch zu kommen, über die man heute kaum noch in der Gesellschaft spricht. Sie regen an, sich darüber Gedanken zu machen, was dem Leben Reichtum und Fülle verleiht.

0 Einführung

„Was er ihnen von Gott zu sagen hatte, erklärte er ihnen durch Beispiele“ (Markus 4,2)

- **Haben Sie ein Lieblingsgleichnis?**
- **Warum hat Jesus so viele Gleichnisse erzählt?**

Grundsätzliches

Die Probleme beginnen schon damit, dass gar nicht genau abgegrenzt werden kann, was ein Gleichnis ist. Ist es eine Metapher oder ein Bild? Ist es eine Bildrede oder eine Parabel? Die Gleichnisse, die Jesus erzählt, können keiner dieser Kategorien zugeordnet werden. Dazu sind sie zu verschieden. Am prägnantesten kann man ein Gleichnis so definieren: Es ist eine bildhafte Rede, die zur Veranschaulichung eines Sachverhalts oder einer Beziehung dient. Der Sachverhalt oder die Beziehung wird aber nicht vorher benannt, um sie dann im Gleichnis zu illustrieren, sondern kommen direkt in der Erzählung vor.

Gleichnisse gehören zur „narrativen Ethik“. Das bedeutet, aus der Erzählung ergibt sich, wie man richtig handeln soll. Das war eine sehr typische Lehrmethode in der Antike. Man erzählte Geschichten, die grundlegende Wahrheiten an die nachfolgenden Generationen weitergaben. Das ist für uns heute ungewohnt und erscheint uns umständlich. Wir lernen sehr viel direkter. Man bekommt eine These oder einen Merksatz, über den man diskutieren kann. Das Problem bei unserer direkten Methode ist, dass man sich sehr in der Theorie verlieren kann und schnell an Aktualität verlieren. Die Erzählungen, die Jesus erzählt, sind sofort für jeden verständlich und können in die eigene Lebenspraxis übertragen werden. Dadurch bleiben sie lebendig: Man kann mit seiner jeweiligen Lebenssituation immer wieder neu an die Gleichnisse „andocken“. Das ist ein Grund, warum es nie langweilig wird, diese Geschichten zu lesen, obwohl man sie gefühlt in- und auswendig kennt.

Es gibt Gleichnisse, die nur aus einem einzigen kurzen Satz bestehen, aber auch solche, die eine ganze Geschichte erzählen. Sie entfalten ihre größte Wirkung, wenn man sie mündlich wiedergibt, also erzählt. Sie sind ursprünglich nicht dafür gedacht, in einem Buch gelesen zu werden. Jesus hat wohl nie wert darauf gelegt, dass seine Worte aufgeschrieben werden. Wenn man die Evangelien liest, bekommt man den Eindruck, dass er immer in eine konkrete Situation hineingesprochen hat. Erst die Evangelisten haben Jahrzehnte später zusammengefasst und ganze Reden daraus gemacht. Am stärksten ist das beim Johannesevangelium zu sehen, das auch das Evangelium ist, das vermutlich am spätesten entstanden ist. Wenn man die Gleichnisse von Jesus liest, sollte man diese Tatsache im Hinterkopf haben. Sie sind meist an eine bestimmte Personengruppe adressiert und in eine sehr konkrete Situation hineingesprochen worden. Z. B. in eine Auseinandersetzung zwischen ihm und den Eliten der jüdischen Gesellschaft (Das Gleichnis von den bösen Weingärtnern) oder als Antwort auf eine theologische Frage (Das Gleichnis vom barmherzigen Samaritaner).

Jesus hat viele Gleichnisse erzählt, um das Verhältnis zwischen Gott und Mensch zu beschreiben. Wer wissen will, wie Jesus gedacht hat, muss seine Gleichnisse lesen. Sie stammen mit einiger Gewissheit von ihm, sind also originale Jesus-Worte. Natürlich muss man einschränkend sagen, dass die Evangelisten verändert, ergänzt und weggelassen haben, um das über Jesus und den Glauben zu vermitteln, was ihnen besonders wichtig war. Sie verfolgen mit den Gleichnissen ihre je eigene Aussageabsicht. Trotzdem scheint viel von dem erhalten gblieben zu sein, was Jesus selbst gesagt hat, denn die Gleichnisse offenbaren viel mehr als alle anderen Texte des Evangeliums, was er über Gott und Religion gedacht hat.

Die Gleichnisse sind erstaunlich klar und einfach zu verstehen. Jedes

Kind kann ihren Inhalt erfassen. Deshalb werden sie gern im Kindergottesdienst vermittelt. Das liegt daran, dass die Gleichnisse fast immer von Alltagssituationen ausgehen, die alle Menschen kannten. In der landwirtschaftlich geprägten Welt, in der Jesus gelebt hat, knüpfte er am Ackerbau an. Saat, Ernte und ihre Bedrohungen, Feldarbeit und Zuchtvieh sind häufig der Ausgangspunkt, von dem Jesus seine Geschichten entwickelt. Deshalb wurde als Motiv für das Coverdesign das Bild eines Weizenfeldes verwendet. Wenn man die Gleichnisse Jesu verstehen will, muss man zumindest ansatzweise die Bedingungen kennen, unter denen die Menschen damals gelebt haben.

Obwohl die Gleichnisse so eingängig und leicht verständlich sind, hat man in der Theologie immer wieder herumgerätselt, wie man die Gleichnisse richtig auslegen muss. Sie sind oft mehrdeutig und lassen viel Spielraum für unterschiedliche Deutungen. Da kann es vorkommen, dass man sich in einer Interpretation verrennt oder etwas in die Geschichten hineinlegt, was gar nicht drinsteckt. Es gehört zu den Gleichnissen dazu, dass eine gewisse Unschärfe bleibt, die Spielraum bei der Deutung lässt. Die Bildreden sind keine geschlossenen, sondern offene Geschichten, die man in seinem Kopf „weiterspinnen" kann. Nicht alle Aspekte werden geklärt, nicht alle Fragen, die uns beim Lesen in den Sinn kommen, beantwortet. Aber das macht auch den Reiz dieser Geschichten aus.

- **Welche Gleichnisse kennen Sie, die nicht in der Bibel stehen? Fallen Ihnen moderne Gleichnisse ein?**

Merkmale

Es gibt bestimmte Merkmale, an denen man ein Gleichnis erkennt:

Ausgangspunkt ist meist eine Alltagssituation, die jeder Hörer damals gekannt hat: Ein Sämann geht auf sein Feld, um zu säen. Ein Senfkorn fällt in die Erde und wächst zu einem großen Strauch heran. Der

Verwalter eines reichen Mannes wird beim Betrügen erwischt. Ein junger Mann verlässt seine Heimat und zieht ins Ausland. Eine Frau verliert eine Münze.

Gleichnisse sind sehr direkt und kommen auch schnell auf den Punkt. Sie verschwenden die Aufmerksamkeit der Hörer nicht mit Nebensächlichkeiten. Sie verwenden direkte Rede. Sie lassen die Hörer oft an den Gedanken der Protagonisten teilhaben. Das wird immer in Selbstgesprächen, also in Monologen dargestellt. Der Bauer, der gerade eine fantastische Ernte einfährt, denkt z. B. bei sich selbst: „Liebe Seele: Du hast einen großen Vorrat für viele Jahre; habe nun Ruhe ..." (Lukas 12,16-21)

Das Wichtigste, die Hauptbotschaft kommt am Schluss. Hier ist oft auch ein Wendepunkt der Erzählung. Die Ausgangssituation ist zwar meist dem Alltag entnommen, aber irgendwann greift die Handlung darüber hinaus und wird unrealistisch. Plötzlich handelt ein Großgrundbesitzer völlig anders, als man es von ihm in der Realität erwarten würde. Das irritiert die Zuhörer und führt sie an eine neue und ganz andere Sichtweise heran, die Jesus ihnen beibringen möchte.

Jesus beherrschte die Kunst des Weglassens: Die Erzählungen sind geradlinig und knapp gehalten. Sie streben ohne Umwege auf ihr Ziel zu. Es gibt nicht mehrere Handlungsebenen oder komplizierte Beziehungen, die lange Erklärungen erfordern würden. Mehr als zwei Erzählfiguren gibt es nie, ebenso wenige Adjektive. Wenn, dann haben sie eine besondere Funktion für die Aussage, die Jesus treffen möchte. Auch die Charaktere werden wie mit kurzen und knappen Federstrichen skizziert. Den Rest ergänzt der Zuhörer im Kopf automatisch aus dem, was er über die alltägliche Situation weiß. Das ist heute manchmal ein Problem, weil uns dieses selbstverständliche Wissen um die damaligen Verhältnisse fehlt. Z. B. beginnt ein Gleichnis so: „Es war ein Mensch, der machte ein großes Abendmahl und lud viele dazu ein." (Lukas 14,16) Dieser einleitende Satz ist sehr kurz und man erfährt nicht viel, aber alles, was man für das Verständnis des Gleichnisses wissen muss.

Manchmal fehlt der Schluss. Zum Beispiel erfährt man beim Gleichnis vom verlorenen Sohn nicht, ob der ältere Bruder nach dem Gespräch mit seinem Vater draußen bleibt, weil er beleidigt ist, oder zum Festmahl zurückkehrt. Das angesprochene ethische Problem wird an die Zuhörer übergeben: Sie sollen sich entscheiden, wie sie sich dazu verhalten wollen.

Gleichnisse vermitteln Erkenntnisse über das Reich Gottes und fordern zu einer Reaktion heraus. Der Zuhörer soll handeln oder umdenken oder das Gehörte in seinem Leben anwenden.

- **Welches Gleichnis hat bei Ihnen eine besondere Reaktion hervorgerufen oder Sie zum Umdenken bewegt?**

Interpretation

Auch wenn Jesus die Erzählform der Bildrede nicht erfunden hat, taucht sie im Alten Testament nicht auf. Dort gibt es kein einziges Gleichnis. Es ist eine Besonderheit der Evangelien, dass sie sehr viele Gleichnisse enthalten. Ihre Interpretation ist trotz ihrer Klarheit und Schlichtheit nicht immer einfach. Ein Grund dafür ist ihr konkreter Ausgangspunkt in der jüdischen Alltagswelt der Antike, die uns heute völlig fremd ist. Wir kennen ihre Hintergründe und Eigenheiten nicht. Deshalb kann es passieren, dass uns die Botschaft entgeht, die das Gleichnis erzählen will. Oder wir übersehen etwas, was für die Zuhörer damals selbstverständlich war. Z. B. wird im Gleichnis vom Sämann (Markus 4,3-8) erzählt, dass viel Saatgut verloren geht. Nur der vierte Teil fällt auf guten Boden. In unserer Vorstellung von industrialisierter Landwirtschaft fragen wir uns, warum so viel daneben geht, obwohl das Saatgut knapper war als heute. Ist es Ungeschicklichkeit des Sämanns? Geht immer so viel verloren oder ist das eine Besonderheit dieses Bildwortes? Antworten auf diese und weitere Fragen finden Sie in diesem Büchlein.

Eine weitere Schwierigkeit bei der Interpretation ist, dass die Bibel die Gleichnisse interpretiert. Das Gleichnis vom Sämann wird allegorisch gedeutet. Eine Allegorie ist ein bildhafter Vergleich. Man deutet die Elemente einer Geschichte so um, dass eine sinnvolle Erklärung dieser Geschichte entsteht. Beim Gleichnis vom Sämann wird der Sämann als Gott identifiziert. Das Saatgut ist das Wort Gottes, die Disteln, der harte Boden und das dünne Erdreich sind die Hindernisse für den Glauben. Dadurch entsteht eine sinnvolle Deutung: Gott sät das Wort in die Herzen der Menschen, wo es aber nur bei einem Teil von ihnen zum Glauben führt. Diese Art der Interpretation wirkt manchmal recht willkürlich und spekulativ. Außerdem braucht man den richtigen „Schlüssel" zum Verständnis des Inhalts. In unserem Beispiel muss man wissen, dass der Sämann für Gott steht. Weiß man das nicht, bleibt die Botschaft verborgen. Im Mittelalter glaubte man, nur auf diese Weise die Gleichnisse interpretieren zu können. Man hat ein ausgeklügeltes System geschaffen und musste die „richtige" Deutung auswendig lernen. Deshalb durfte ein einfacher Mensch nicht ohne Interpretation durch den Klerus die Bibel lesen. Ihm fehlte schlicht die Vorbildung, die nötig war, um die Texte „richtig" zu verstehen. Eine solche allegorische Auslegung ist verführerisch, weil sie einleuchtend und logisch klingt. Sie hat aber keine Basis im Text und ist rein assoziativ. Wer den richtigen „Schlüssel" nicht kennt, kann den Text nicht richtig verstehen.

Die moderne Gleichnisauslegung begann Anfang des 20. Jahrhunderts und hat herausgefunden, dass die Interpretationen der Gleichnisse im Neuen Testament spätere Hinzufügungen sind, die die Leser zur Treue im Glauben erziehen wollten. Man glaubt heute nicht mehr, dass die Allegorie die richtige Methode ist, um Gleichnisse zu verstehen.

Man hat versucht, die Gleichnisse in verschiedene literarische Formen aufzuteilen. So glaubte man, Bildworte, Vergleiche, Gleichnisse,

Beispielerzählungen, Parabeln und Allegorien unterscheiden zu können. Allerdings hat diese Einteilung zu mehr Verwirrung als Klarheit geführt. Wenn man die Gleichnisse verstehen will, muss man viel einfacher und unkomplizierter an sie herangehen, als es Theologen für gewöhnlich tun. Diese Reden wollen keine allgemeingültigen Grundsätze oder ewig gültige Dogmen vermitteln. Sie gehen von einer konkreten Lebenssituation aus und sprechen in sie hinein. Jesus nimmt eine Alltagssituation und kleidet in sie eine einfache Wahrheit, die über diese Einzelsituation hinaus stimmt. Deshalb haben Gleichnisse den eigenartigen Effekt, dass sie eine sofortige Antwort des Zuhörers fordern. Entweder er bejaht die Aussage spontan oder lehnt sie ab. Das passiert automatisch. Der Theologe Joachim Jeremias hat einmal gesagt: „Jesus sprach zu Menschen von Fleisch und Blut, aus der Stunde für die Stunde."

Einfache Lebenswahrheiten? Gar nicht so leicht!

Wir sagten bereits, dass es manchmal sehr schwierig sein kann, den Gehalt eines Gleichnisses zu extrahieren. Eine Beobachtung kann helfen. Die Gleichnisse gehen von einer alltäglichen Situation aus. An irgendeiner Stelle – meistens am Schluss – gibt es eine unerwartete Wende, die den Hörer überrascht. Die Geschichte „fällt aus dem Rahmen", weil nicht das geschieht, was man eigentlich erwarten würde. An diesem „springenden Punkt" oder „zündenden Gedanken" liegt die eigentliche Aussageabsicht. Die Irritation über das überraschende Moment regt den Zuhörer zum Nachdenken an. Z. B. gehört zur typischen Erfahrungswelt der Zuhörer, dass ein Weinbergbesitzer während der Erntezeit morgens Tagelöhner einstellt. Meist kalkuliert er recht knapp, weil er nicht zu viele einstellen will, die er dann auch bezahlen muss. Deshalb passiert es nicht selten, dass er ein zweites Mal zum Marktplatz geht und weitere Leute für den Tag einstellt, denn jetzt kann er abschätzen, wie viele Arbeiter er für diesen Tag tatsächlich braucht. Doch ein drittes und viertes Mal Arbeiter einstellen? Das ist sehr unwahrscheinlich. Völlig abwegig ist es, eine Stunde vor dem Feierabend noch Leute einzustellen – und alle bekommen den gleichen Lohn. Hier nimmt das Gleichnis eine völlig unerwartete und unverständliche Wendung. Der Hörer kann gar nicht anders, als sich zu der geschilderten Situation zu positionieren: Entweder er findet gut, was der Weinbergbesitzer macht, oder er findet es falsch.

Die Gleichnisse behandeln alle das zentrale Thema des Reiches Gottes. Manche tun das direkt. Die leitet Jesus mit den Worten ein: „Das Himmelreich ist wie ..." (z. B. Markus 4,30-33) Andere Gleichnisse tun das indirekt. Sie beschäftigen sich mit dem Verhältnis zwischen Gott und Mensch und stellen heraus, wie sehr Gott die Menschen liebt. Das wird z. B. im Gleichnis vom Verlorenen Sohn dargestellt. Es gibt Gleichnisse, die sich mit den Konsequenzen der Nachfolge beschäftigen, wie z. B. das Gleichnis von den anvertrauten Talenten. Wieder andere Gleichnisse warnen davor, den Glauben als Mittel zur Unterdrückung zu missbrauchen. Sie sind meist an Eliten aus Gesellschaft und Religion gerichtet. Zu dieser Kategorie gehört z. B. das Gleichnis von den bösen Weingärtnern.

Leitfragen zur Gleichnisauslegung

Wie kann man sich nun ein Gleichnis erschließen? Wie kann man herangehen, um seinen Sinn zu erfassen? Dazu gibt es ein paar Leitfragen, die man stellen kann:

An wen ist das Gleichnis gerichtet?

Wem sagt Jesus das Gleichnis? Den Jüngern, Pharisäern und Schriftgelehrten oder der Volksmenge? Nicht immer steht das da, aber dort, wo die Adressaten benannt werden, hat es auch eine Bedeutung. Das Gleichnis vom verlorenen Sohn ist z. B. an die Gruppe der Pharisäer gerichtet, denen der bloße Gedanke daran, mit Sündern in Kontakt zu kommen, großes Unbehagen bereitete. Das Gleichnis beschreibt anhand des jüngeren Sohnes nicht nur, dass Gott die rückkehrenden Sünder mit offenen Armen empfängt. Es lädt mit dem älteren Bruder die Pharisäer ein, sich zu besinnen und ein neues Verhältnis zu den Menschen zu entwickeln, mit denen sie nichts zu tun haben wollen.

In welchem Textzusammenhang steht das Gleichnis?

Manchmal ist der Kontext entscheidend. Das Lukasevangelium schildert eine Szene im Haus des Pharisäers Simon. Eine stadtbekannte Sünderin tritt in das Haus und salbt die Füße von Jesus. Das war damals ein unerhörter Skandal und Simon hat keine guten Gedanken über Jesus, weil er die Frau einfach gewähren lässt. Jesus merkt es und erzählt das recht unbekannte Gleichnis von den zwei Schuldnern, die 50 bzw. 500 Silbergroschen erlassen bekommen (Lukas 7,41-42). Das Gleichnis ist ein strenger Tadel an den Hausherrn gerichtet, der mit der Sünderin nichts zu tun haben möchte.

Was wissen wir über den geschichtlichen und kulturellen Hintergrund?

In 2.000 Jahren Geschichte ändern sich Wertmaßstäbe, Umgangsformen und übliche Verhaltensweisen. Man muss manchmal die damaligen Verhältnisse kennen, um ein Gleichnis deuten zu können. Im oben bereits erwähnten Gleichnis vom verlorenen Sohn läuft der Vater seinem zurückkehrenden Sohn entgegen, als er ihn von ferne sieht. Im Orient rannten die Familienoberhäupter nicht. Sie schritten gemächlich und würdevoll, wie es ihr Stand innerhalb der Sippe gebot. Die Kleidung ließ es gar nicht zu, sich hastig zu bewegen, ohne lächerlich zu wirken. Das ist dem Hausherrn aber egal, weil er sich so sehr über die Rückkehr seines Sohnes freut. Das zeigt sein inneres Verhältnis zu seinem Sohn und die Freude.

Welche Bilder und Symbole enthält der Text und was war ihre Bedeutung für die ursprünglichen Hörer?

Wenn wir das Wort „Vatertag" hören, sind für deutsche Ohren damit ganz bestimmte Assoziationen und Bilder verbunden. Bei einem Chinesen löst dieses Wort vermutlich nicht das Geringste aus. Wie einem Chinesen beim Vatertag kann es uns beim Lesen eines Gleichnisses ergehen. Im Gleichnis von den zehn Jungfrauen erwarten sie die Ankunft des Bräutigams (Matthäus 25,1-13). Das löst bei uns keine Assoziationen aus, weil es bei unseren Hochzeiten nicht mehr üblich ist, der Ehefrau junge Mädchen als Begleiterinnen in ihr neues Zuhause an die Seite zu stellen.

Welche Reaktion sollte das Gleichnis vermutlich bei den damaligen Hörern auslösen?

Diese Frage kann man ergänzen durch die eigene Reaktion: Was löst das Gleichnis in mir als Leser aus? Ist es das, was die Menschen damals empfunden haben? Zum Beispiel das Gleichnis vom Sämann, in dem ein Bauer viel Saatgut auf seinem Acker verstreut, wovon eine Menge auf unfruchtbaren Boden fällt, will nicht dazu animieren, dass alle den Beruf eines Landwirts ergreifen oder etwas genauer darauf achten, das Saatgut möglichst effektiv auszusäen. Es will deutlich machen, dass der Glaube überraschend viel einbringt, wenn man verschwenderisch mit ihm umgeht.

Welche Aussagen über das Himmelreich und Gott lassen sich treffen?

Die Gleichnisse drehen sich grundsätzlich um die Beziehung zwischen Gott und Mensch oder die Konsequenzen, die daraus folgen. Das Gleichnis von den Arbeitern im Weinberg, die am Ende alle den gleichen Lohn erhalten, trifft keine Aussage über Gerechtigkeit oder Ungerechtigkeit oder die Lohnpolitik gegenüber Arbeitern. Es will deutlich machen, dass Gott jedem Menschen das zum Leben geben will, was er braucht.

Wir sind es gewohnt, sehr rational, abstrakt und geradlinig zu denken. Wir denken in Thesen, Überbegriffen und logischen Schlussfolgerungen. Wir starten unsere gedankliche Reise üblicherweise von einer Grundannahme aus und steuern über argumentative Anlaufstellen zu unserem Ziel. Die Gleichnisse durchbrechen unsere Denkkultur. Sie sind herrlich bildhaft, konkret und schlicht. Sie kommen schnell auf den Punkt, ohne wirklich geradlinig zu sein. Sie entlarven alle Ausreden, die wir haben oder klugen Argumente, hinter denen wir uns verstecken. Auch unser Glaube wird wieder lebendig, wenn wir von einem Mann lesen, der beim Pflügen einen Schatz im Acker findet oder einer Frau, die ihr Haus so lange und gründlich ausfegt, bis sie die verlorene Münze wiedergefunden hat.

Möge es Ihnen bei der Lektüre und dem Austausch über diese wunderbaren Bildreden genauso gehen.

Hier ist Platz für Ihre eigenen Notizen.

1 Vom Sämann

Markus 4,1-20

- **Wie gedeihen Rasen, Gemüse, Blumen oder Zimmerpflanzen unter Ihrer Pflege? Haben Sie den sprichwörtlichen „grünen Daumen“ oder nicht?**

1 Und er fing abermals an, am Meer zu lehren. Und es
versammelte sich eine so große Menge bei ihm, dass er in ein
Boot stieg, das im Wasser lag, und er setzte sich; und alles Volk
stand auf dem Lande am Meer. 2 Und er lehrte sie vieles in
Gleichnissen; und in seiner Predigt sprach er zu ihnen:
3 Hört zu! Siehe, es ging ein Sämann aus zu säen. 4 Und es
begab sich, indem er säte, fiel etliches an den Weg; da kamen
die Vögel und fraßen's auf. 5 Anderes fiel auf felsigen Boden, wo
es nicht viel Erde hatte, und ging bald auf, weil es keine tiefe
Erde hatte. 6 Da nun die Sonne aufging, verwelkte es, und weil
es keine Wurzel hatte, verdorrte es. 7 Und anderes fiel unter die
Dornen, und die Dornen wuchsen empor und ersticktenʼs, und
es brachte keine Frucht. 8 Und all das Übrige fiel auf das gute
Land, ging auf und wuchs und brachte Frucht, und einiges trug
dreißigfach und einiges sechzigfach und einiges hundertfach. 9
Und er sprach: Wer Ohren hat zu hören, der höre!
10 Und als er allein war, fragten ihn, die um ihn waren, samt
den Zwölfen nach den Gleichnissen. 11 Und er sprach zu ihnen:
Euch ist das Geheimnis des Reiches Gottes gegeben; denen
draußen aber widerfährt es alles in Gleichnissen, 12 auf dass sie
mit sehenden Augen sehen und doch nicht erkennen und mit

hörenden Ohren hören und doch nicht verstehen, damit sie sich
nicht etwa bekehren und ihnen vergeben werde.
13 Und er sprach zu ihnen: Versteht ihr dies Gleichnis nicht, wie
wollt ihr dann die andern alle verstehen? 14 Der Sämann sät
das Wort. 15 Diese aber sind es, die an dem Wege sind: Wo das
Wort gesät wird und sie es gehört haben, kommt alsbald der
Satan und nimmt das Wort weg, das in sie gesät war. 16 Und
diese sind es, die auf felsigen Boden gesät sind: Wenn sie das
Wort gehört haben, nehmen sie es sogleich mit Freuden auf, 17
aber sie haben keine Wurzel in sich, sondern sind
wetterwendisch; wenn sich Bedrängnis oder Verfolgung um des
Wortes willen erhebt, so kommen sie alsbald zu Fall. 18 Und
andere sind es, die unter die Dornen gesät sind: Die haben das
Wort gehört, 19 und die Sorgen der Welt und der trügerische
Reichtum und die Begierden nach allem andern dringen ein
und ersticken das Wort, und es bleibt ohne Frucht. 20 Und jene
sind es, die auf das gute Land gesät sind: Die hören das Wort
und nehmen's an und bringen Frucht, einige dreißigfach und
einige sechzigfach und einige hundertfach.

Das Gleichnis vom Sämann ist in allen drei synoptischen Evangelien zu finden, also bei Matthäus, Markus und Lukas. (Das Johannesevangelium nimmt eine Sonderstellung ein.) Nicht viele Gleichnisse stehen in allen drei Evangelien. Viel häufiger sind sie entweder Sondergut des jeweiligen Autors, oder kommen nur in zwei Evangelien vor. Die Experten in den Bibelwissenschaften sind sich weitgehend einig, dass das Markusevangelium die Grundlage für das Matthäusevangelium und das Lukasevangelium darstellt. Letztere enthalten jeweils eigene Geschichten, die nirgendwo sonst auftauchen.

Das gilt auch für manche Gleichnisse. Das Gleichnis vom verlorenen Sohn und vom barmherzigen Samaritaner ist nur bei Lukas zu finden und das Gleichnis von den Arbeitern im Weinberg nur bei Matthäus.

Eine Sonderstellung nimmt das Gleichnis vom Sämann ein, weil es in allen Evangelien das erste längere Gleichnis ist, das erzählt wird. Auch im Matthäusevangelium, das ja im Neuen Testament als erstes steht, ist es das erste Gleichnis. Man kann also sagen, das Gleichnis vom Sämann ist das erste, das im gesamten Neuen Testament erzählt wird. Das lenkt die Aufmerksamkeit und den Fokus sofort auf dieses Gleichnis und deshalb beschäftigen wir uns auch am Anfang dieses Büchleins damit.

Eine weitere Besonderheit ist, dass Jesus dieses Gleichnis auslegt. Er kommentiert kein anderes Gleichnis, aber dieses Gleichnis legt Jesus allegorisch aus. Das hat dazu geführt, dass man bis vor etwa 100 Jahren meinte, alle Gleichnisse auf diese Weise auslegen zu müssen. Wenn Jesus diese Blaupause gibt, so dachte man damals, müsse man sich an dieses Vorbild halten und alle Gleichnisse allegorisch deuten. Das bedeutet, dass man die Gleichnisse nicht in ihrem wörtlichen Sinn oder ihrer vordergründigen Aussage ausgelegt hat. Man glaubte, in jedem Gleichnis stecke eine geheime Botschaft, die man entschlüsseln nach der Methode entschlüsseln müsse, die Jesus benutzt hat. Jeder Aspekt eines Gleichnisses wurde als Bild verstanden, das eine eigene, auf die Gemeinde bezogene Bedeutung hat und enträtselt werden muss. Heute ist man weitgehend davon weggekommen und legt die Gleichnisse einfacher aus.

Wir gehen in zwei Schritten vor: Zunächst schauen wir uns das Gleichnis selbst an und interpretieren es. Danach wenden wir uns der Deutung Jesu zu.

- **Wie viel Raum geben Sie dem Positiven oder dem Negativen in Ihren Gedanken und Gesprächen? Bekommt das Gute oder das Schlechte in ihrem Leben mehr Aufmerksamkeit?**

Das Gleichnis beginnt mit den Worten: „Ein Sämann ging aus zu säen. Und es begab sich, indem er säte, ..." Gleich dreimal kommt das Wort „säen" in Abwandlung vor. Es ist eine wichtige Tätigkeit, denn sie ist die Grundlage für die Ernte. Ohne Saat gibt es keine Ernte. Das weiß eigentlich jeder. Trotzdem müssen wir uns das heute wieder klarmachen, weil wir im Gegensatz zu früher das Getreide üblicherweise nicht selbst aussäen, beim Wachsen zuschauen, ernten und zu Brot verarbeiten. Wir finden Brot im Supermarkt, wo es im Überfluss einfach bereitliegt, um von uns für kleines Geld gekauft zu werden. Wir sind nicht so unmittelbar mit dem Kreislauf von Saat und Ernte verbunden, wie die Menschen damals. Die Handlung des Aussäens ist die Grundlage für das bäuerliche Leben der Menschen damals und wird in unserem Gleichnis besonders betont. Die Aussaat ist so wichtig wie die Luft zum Atmen oder eine warme Wohnung in winterlicher Kälte.

Nach diesem ersten kurzen Satz ist die Aussaat sofort bedroht. Jesus lenkt den Fokus sofort auf das Negative. Man kann sogar sagen, dass er 75% dessen, was er erzählt, auf die Misserfolge bei der Aussaat verwendet. Er erzählt ausnahmsweise so, wie wir Deutschen üblicherweise denken: Das Schlechte überwiegt und bekommt in das größte Gewicht. In drei von vier Fällen verdirbt die Saat und bringt keinen Ertrag.

Obwohl Jesus zunächst so negativ erzählt, liegt die Betonung auf dem Ende des Gleichnisses. Das kann man daran erkennen, dass es eine Entwicklung innerhalb der Erzählung gibt: Zuerst fällt einiges auf den Weg. Damit meint Jesus kleine Trampelpfade auf dem Acker, auf denen man sich über das Feld bewegt. Man kann sie mit den Reifenspuren vergleichen, die Traktoren auf dem Feld hinterlassen, wenn sie das Feld besprühen. Man ging mit einem Umhängebeutel, in dem das Saatgut war, auf diesen Trampelpfaden über seinen Acker und streute mit der Hand den Samen möglichst gleichmäßig aus. Selbst wenn man sehr genau aufpasste, konnte man nicht verhindern, dass einige

Weizenkörner auf den festgetretenen Pfaden landeten. Im Gleichnis beschreibt Jesus nun: Kaum auf dem Boden, sind die Vögel da und picken das Korn auf. Es hat nicht einmal die Chance, aufzugehen. Anderes, so erzählt Jesus weiter, fällt auf felsigen Boden, der nur eine dünne Erdschicht hat. Das kann man als Aussäender gar nicht sehen. Der Same wird diesmal nicht sofort aufgepickt, sondern geht zunächst auf und verwelkt, sobald die Sonne darauf scheint. Anderes – auch hier wieder nicht sehr viel – fällt unter Dornen und Disteln. Diesmal kann es wachsen, aber zwischen dem Unkraut hat der Weizen keine Chance und geht wieder ein. Aber es dauert noch etwas länger als auf dem felsigen Boden, bis die Pflanze erstickt wird. Vom ersten bis zum dritten Beispiel dauert es immer etwas länger, bis das Korn eingeht. Erst im vierten Versuch geht es tatsächlich auf und bringt Frucht. Bisher hat das Gleichnis von einigen Körnern gesprochen, denn es ist nicht viel, was auf dem festgestampften Weg, dem felsigen Boden und zwischen den Disteln verlorengeht. Die große Mehrheit des Korns kann wachsen und Frucht bringen. Es ist so viel, dass die verlorenen Samen gar nicht ins Gewicht fallen. Die Ähren tragen dreißigfach, sechzigfach und hundertfach Frucht – eigentlich erwartet man in der logischen Fortsetzung der Zahlen neunzigfache Frucht, aber es ist sogar noch mehr. Die ersten Versuche, die scheitern, sind so etwas wie die „Startrampe", die den Hörer zur eigentlichen Aussage des Gleichnisses führen soll, die hier am Schluss liegt.

- **Welche Aussage will das Gleichnis treffen, wenn man es ohne die Deutung liest, die ein paar Verse danach gegeben wird?**

Das Schwergewicht des Gleichnisses liegt bei der überreichen Frucht, die die ausgestreuten Samen erbringen. Jesus möchte damit sagen, dass man nicht zurückhaltend zu sein braucht mit dem Guten, das man „ausstreut" und braucht keine Angst zu haben, dass zu viel davon verlorengeht. Obwohl Jesus den Großteil des Gleichnisses beschreibt, was alles schiefgehen kann, ist der Ertrag am Ende so groß, dass das nicht mehr ins Gewicht fällt. Die Fülle und Reichhaltigkeit der Ernte wiegt das mehr als auf. Wir können also getrost das Gute austeilen ohne Angst haben zu müssen, zu viel zu verlieren. Man unterschätzt oft, wie wirkungsvoll die guten Taten sind. Sie sind wirkungsvoller, als man zunächst annimmt. Man braucht nur etwas Vertrauen, dass sich im Verlauf der Wachstumszeit schon der Ertrag einstellen wird.

Man kann es an einem Beispiel verdeutlichen, das Eckart von Hirschhausen einmal erzählt hat: Wenn Sie zum Beispiel einen Euro auf der Straße finden, bekommen Sie gute Laune. Deshalb sollte man immer wieder Münzen auf die Straße werfen, weil die Menschen dann gute Laune bekommen. Diese gute Laune strahlt aus und verbessert die allgemeine Stimmung. Diese gute Atmosphäre kommt irgendwann auch bei einem selbst wieder an. Also hat man einen großen Ertrag von dieser kleinen Geste. Zugegeben, dieses Beispiel ist eher mit einem zwinkernden Auge gemeint, aber das Prinzip funktioniert genauso so, wie von Hirschhausen beschreibt. Das Gute, das man tut, geht nicht einfach verloren, sondern vermehrt sich zu unerwarteter Fülle.

Man könnte als Fazit sagen: Man sollte Gutes schon aus „egoistischen“ Motiven tun, denn der Ertrag kommt zu einem selbst zurück und macht das eigene Leben reicher.

- **Wo haben Sie Gutes in Ihrer Umgebung getan? Welchen „Ertrag“ hat es gebracht? Gab es besonders „fruchtbare“ oder „ertragreiche“ Zeiten in Ihrem Leben?**

Wenden wir uns nun der Auslegung zu, die nach bibelwissenschaftlicher Erkenntnis nicht von Jesus stammt, sondern ihm in den Mund gelegt wurde. Diese Erkenntnis mag zunächst irritierend klingen: Wie kommt man darauf? Dafür gibt es mehrere Gründe: Das griechische Wort „logos", das übersetzt „Wort" heißt, kommt in der Auslegung sehr oft vor, während es im Gleichnis gar keine Rolle spielt. Es ist ein typisch urchristliches „Spezialwort". Es wurde bei den ersten Christen verwendet und bezeichnete den Glauben an Jesus Christus. Dieser absolute Gebrauch des Wortes „logos" kommt in manchen christlichen Kreisen heute noch vor. Es gibt zum Beispiel die Phrase: „Bruder Hannes wird uns heute am Wort dienen." Damit ist gemeint, dass ein Mann mit dem Namen Hannes die Predigt im Gottesdienst halten wird. Hier wird das Substantiv „Wort" so gebraucht, wie „logos" in der Auslegung unseres Gleichnisses. Ebenso absolut gebrauchen manche Christen die Bibel als „Wort Gottes". Damit sind nicht die einzelnen Wörter gemeint, die man in den jeweiligen biblischen Kapiteln lesen kann, sondern die Bibel als gesamtes Buch, das den Menschen Gottes Willen offenbart. Das ist alles sehr abstrakt gedacht und entspricht der griechischsprachigen Kultur, aus der auch unsere moderne westliche Gesellschaft hervorgegangen ist. Jesus dachte als Hebräer aber nicht abstrakt, sondern sehr konkret. Wenn man die Gleichnisse liest, findet man in ihnen keine Abstraktionen oder Verallgemeinerungen, sondern nur klare Bilder und konkrete Situationen, aus denen der Zuhörer seine eigenen Schlüsse ziehen muss. Dieser rein sprachliche Unterschied zwischen Gleichnis und Auslegung fiel den Experten der Bibelwissenschaften bei der intensiven Beschäftigung mit den Texten auf.

Eine Entdeckung ließ weitere Fragen aufkommen: 1946 fand man in einem Archiv einer jüdischen Moschee, in dem alte Schriften abgelegt worden waren, das Thomasevangelium. Das ist eine Schrift, die in der Zeit entstanden ist, als die Evangelien verfasst wurden. Im Thomasevangelium stehen einige Worte, die Jesus mit großer Wahrscheinlichkeit gesagt hat, aber in keinem der vier Evangelien zu finden sind. Trotzdem wurde es offenbar nie als Heilige Schrift in den Kanon des Neuen Testaments aufgenommen und ging verloren. Im

Thomasevangelium finden sich auch Geschichten, die in den vier Evangelien stehen. Auch das Gleichnis vom Sämann steht im Thomasevangelium, aber die allegorische Auslegung sucht man vergebens. Die fehlende Auslegung des Gleichnisses ist ein Indiz dafür, dass sie erst später entstand und in den Evangelien eingefügt wurde. Es ist kaum vorstellbar, dass die Verfasser des Thomasevangeliums die Auslegung des Gleichnisses, die Jesus selbst vorgenommen hat, einfach weggelassen haben.

Die Auslegung des Gleichnisses vom Sämann setzt auch einen ganz anderen Akzent als das Gleichnis selbst. Statt die überreiche Frucht zu betonen, werden alle Teile so gedeutet, als würden sie gleichberechtigt nebeneinanderstehen. Da gibt es die Menschen, denen das Wort sogleich weggenommen wird. Es gibt die, die wetterwendisch sind – dieses Wort gibt es im Aramäischen, der Sprache Jesu, gar nicht. Dann gibt es die Leute, die durch die Sorgen und trügerischen Verlockungen dieser Welt vom Glauben abkommen. Als letztes gibt es die Menschen, die Frucht bringen. Die Beschaffenheit des Ackers steht im Vordergrund, aber nicht mehr der überreiche Ertrag, der alles andere aufwiegt. Statt den Acker als Acker zu verstehen, was naheliegend ist, wird der Acker als Bild für die Herzen der Menschen verstanden. Diese Auslegung unterscheidet sich so sehr von der Dynamik und intendierten Aussage des Gleichnisses, dass die Zweifel einer Verfasserschaft Jesu berechtigt sind.

Es gibt noch weitere Fragen, die diese Zweifel nähren: An keiner anderen Stelle der Evangelien legt Jesus allegorisch aus. Nur bei diesem Gleichnis tut er das. Außerdem entsteht sofort die Frage, wie man die anderen Gleichnisse vernünftig auslegen soll, wenn man den allegorischen „Auslegungsschlüssel“ nicht kennt. In den Evangelien müsste für jedes Gleichnis eine Auslegung stehen, damit man weiß, was die jeweiligen Elemente bedeuten. Das ist aber nicht der Fall.

Aus diesen Gründen geht man inzwischen davon aus, dass diese Auslegung nicht von Jesus stammt, sondern von den Autoren der Evangelien später eingefügt wurde.

An dieser Stelle entsteht oft ein Missverständnis: Manche glauben, man würde mit solchen Aussagen die Heiligkeit der Bibel schmälern. Es geht aber nicht um eine Abwertung, sondern um eine Klarstellung. Sie macht die biblischen Texte verständlicher und in ihren Aussagen sogar bedeutungsvoller. Für unseren Text eröffnet sich jetzt erst die Möglichkeit, seine Besonderheit und Tiefe richtig zu erfassen, denn die ersten Christen haben diese Auslegung offenbar für so wichtig und grundlegend gehalten, dass sie sie in das Markusevangelium aufgenommen und sogar Jesus in den Mund gelegt haben. Sie wollten damit seine Bedeutung herausstreichen. Die Verse 13 bis 20 dürften in einer Zeit entstanden sein, als die Adressaten allmählich den Mut und ihre Glaubensgewissheit verloren. Die erste Begeisterung hatte sich gelegt und die gesellschaftlichen Schwierigkeiten nahmen zu. Möglicherweise gab es bereits die ersten Anfeindungen und die Gemeinde schrumpfte. Die Mitglieder haben sich gefragt, wozu sie überhaupt am Glauben festhalten sollen. Das ist eine Frage, die heute genauso drängend ist: Was bringt uns der Glaube? Wozu ist es gut, Christ zu sein? Diese Zeilen wollen eine Antwort darauf geben: Es lohnt sich, am Glauben festzuhalten, denn er bringt unter dem Strich viel mehr ein, als man investiert. Diese Auslegung des Gleichnisses macht deutlich, dass man nicht nur mit der Hälfte oder einem Viertel seines Lebens Christ sein kann, sondern es geht „ums Ganze". Man muss sich entscheiden, ob man das Vertrauen auf Gott wirklich wagen will oder nicht. Diese Zeilen fordern dazu auf, sich selbst und sein Herz zu prüfen: Wie ist es um den eigenen Glauben bestellt? Das ist eine Frage, die sich die Christen zu allen Zeiten stellen mussten und immer wieder Antworten gefunden haben, die schließlich sogar zu Umkehr, Buße und tiefgreifenden Erkenntnissen geführt haben. Vielleicht hat dieser Text für eine Erweckung in der Gemeinde gesorgt. In jedem Fall glaubte man, dass diese Verse in die Evangelien aufgenommen werden müssen – und zurecht!

- **Prüfen Sie Ihr Herz: Welche Bedeutung hat der Glaube für Ihr Leben? Wo wünschen Sie sich Veränderung?**

Hier ist Platz für Ihre eigenen Notizen.

2 Vom Pharisäer und Zöllner

Lukas 18,9-14

- **Gibt es etwas, worauf Sie oder Ihre Familie richtig stolz sind?**

9 Er sagte aber zu einigen, die überzeugt waren, fromm und
gerecht zu sein, und verachteten die andern, dies Gleichnis: 10
Es gingen zwei Menschen hinauf in den Tempel, um zu beten,
der eine ein Pharisäer, der andere ein Zöllner. 11 Der Pharisäer
stand und betete bei sich selbst so: Ich danke dir, Gott, dass ich
nicht bin wie die andern Leute, Räuber, Ungerechte,
Ehebrecher, oder auch wie dieser Zöllner. 12 Ich faste zweimal
in der Woche und gebe den Zehnten von allem, was ich
einnehme. 13 Der Zöllner aber stand ferne, wollte auch die
Augen nicht aufheben zum Himmel, sondern schlug an seine
Brust und sprach: Gott, sei mir Sünder gnädig! 14 Ich sage euch:
Dieser ging gerechtfertigt hinab in sein Haus, nicht jener. Denn
wer sich selbst erhöht, der wird erniedrigt werden; und wer
sich selbst erniedrigt, der wird erhöht werden.

- **Was ist ein Zöllner? Was ist ein Pharisäer? Wer ist Ihnen sympathischer?**

Die meisten kennen dieses Gleichnis und haben ihre Meinung dazu: Die Zöllner sind Menschen, die zwar keinen moralisch ganz einwandfreien Lebenswandel führen, aber im Grunde ihres Herzens nette Kerle sind, die zu Unrecht ausgegrenzt werden. Die Pharisäer haben zwar einen moralischen Kompass, der immer in die richtige Richtung zeigt, aber sie sind hartherzig und selbstgerecht. Außerdem predigen sie Wasser, trinken aber Wein. Aber diese Vorstellung haben wir aus Predigten und Bibelgesprächen übernommen, die mit der Wirklichkeit nicht das Geringste zu tun haben. Deshalb verstehen wir den Skandal dieses Gleichnisses gar nicht mehr. Die Menschen damals müssen geschockt und mit Ablehnung reagiert haben.

Versuchen wir uns in die Lebenswelt von damals hineinzudenken: Der Pharisäer spricht in unserem Gleichnis ein Dankgebet, dem jeder Jude damals zugestimmt hätte. Er ist dankbar, dass er nicht bei den Frevlern, Sündern und Spöttern gelandet ist, wie es im Psalm 1 heißt. Die Pharisäer kann man mit den Evangelikalen der Neuzeit vergleichen: Sie wollten den Glauben erneuern und sahen ihre Aufgabe darin, Gott wieder stärker in das gesellschaftliche Bewusstsein zu tragen. Sie nahmen den Gottesdienst ernst und gingen jeden Samstag hin und nicht nur zum Laubhüttenfest oder wenn Pesach gefeiert wurde. Wenn ein Pharisäer auf dem Markt einkaufte, gab er von den erworbenen Lebensmitteln vorsichtshalber den zehnten Teil als Opfer im Tempel ab für den Fall, dass der Verkäufer es noch nicht getan hatte. Er ließ sich seinen Glauben etwas kosten und schränkte sich wirtschaftlich und persönlich mehr ein, als es die gesetzlichen Vorschriften verlangten. Alles, weil ihm der Glaube so wichtig war. Das machte diese „Abgesonderten“, die Perushim (Pharisäer) beim Volk so beliebt. Es verehrte diese religiösen, geradlinigen und um Gottes Nähe bemühten Menschen. Pharisäer waren vorbildliche Leute und standen zurecht vorne, wo alle sie sehen konnten. Das waren die Leute, die man heute fragen würde, ob sie ein Gebet für ein persönliches Anliegen sprechen können, weil man intuitiv davon ausgeht, dass sie einen „guten Draht nach oben“ haben und von Gott eher erhört werden als man selbst.

Zöllner hingegen arbeiteten für die Besatzungsmacht, die Römer. Sie halfen, die Landsleute zu unterdrücken und auszuplündern. Weil sie sich zu Helfern der römischen Tyrannei machten, wollte niemand etwas mit ihnen zu tun haben. Die Zöllner waren ein wichtiger Teil des römischen

Systems, denn sie trieben die Steuern ein. Ohne ihre Arbeit, wäre die Herrschaft der Römer ziemlich bald zu Ende gewesen, denn ohne Geld funktionierte auch damals recht wenig. Das Recht, wer die Steuern einnehmen durfte, wurde damals für jedes Jahr versteigert. Der Höchstbietende bekam den Zuschlag und die militärische Absicherung, dass ihm niemand in seinem Zorn etwas antut. Das Geld musste er „vorstrecken" und am Anfang des Jahres an die Römer bezahlen. Jetzt lag es am Erfindungsreichtum und Skrupellosigkeit des Zolleinnehmers, wie viel Geld er tatsächlich im Jahr von den Menschen einkassierte. Wenn er zu weichherzig war, konnte er am Ende des Jahres mit einem Verlust dastehen, weil er zu wenig eingenommen hatte. Aber in der Realität passierte das nie. Im Gegenteil: Die meisten Zöllner lebten sehr gut von ihrem unbarmherzigen Geschäft. Ein anständiger Jude machte solche krummen Geschäfte nicht. Es ist nicht verwunderlich, dass die Zöllner kein sehr hohes Ansehen genossen. Heute könnte man sie vergleichen mit stadtbekannten Mafiabossen oder korrupten Oligarchen in osteuropäischen Ländern.

In unserem Gleichnis ist also auch der Platz des Zöllners völlig gerechtfertigt. Er steht als „Sünder" zurecht in der letzten Reihe und wenn er noch einen kleinen Funken Ehrgefühl im Leib hat, weiß er, dass er sich bei Gott nicht sehen lassen darf.

- **Warum geht der Zöllner gerechtfertigt nach Hause und nicht der Pharisäer?**

Das Fazit in unserem Gleichnis ist ganz anders als man erwarten würde: Der Zöllner geht gerechtfertigt nach Hause und nicht der Pharisäer. Das ist überraschend, geradezu ein Skandal. Niemand würde auf diesen Gedanken kommen und doch lässt Jesus keinen Zweifel daran, dass es so ist. Der Grund: Der Zöllner weiß, dass er ein schlechter Mensch ist und dass es für ihn nach dem Gesetz keine Rettung gibt. In langsamen Schritten hat ihn das Leben dorthin geführt, wo er jetzt steht. Im letzten Winkel des Tempels, wo Gott hoffentlich zuletzt hinschaut. Er wagt nicht einmal die Augen zu heben, denn er weiß, welche Ungeheuerlichkeiten er anderen angetan hat. Dafür gibt es keine Entschuldigung, keine Rechtfertigung und keine Ausreden. Er würde vermutlich gern alles ungeschehen machen, doch er wäre niemals in der Lage dazu. Wie soll er den Geschädigten ihr Geld und das vom Gesetz verlangte Fünftel als Entschädigung zurückgeben? Er ist ein Gefangener der Situation und kommt da nicht raus.

In diesem Zöllner beschreibt Jesus sein Grundgefühl, wie wir allesamt Gott gegenüberstehen. Es stimmt zwar, dass der Zöllner viel schlimmer ist als der Pharisäer, aber dieser Unterschied ist im Gegenüber Gottes sehr gering. Grundsätzlich würde jeder Mensch vor Gott durchfallen, denn niemand lebt wirklich so, wie sich Gott das wünscht. Selbst solche „Säulenheiligen“ wie König David sind davon nicht ausgenommen. Er kann sogar als Beispiel dafür dienen, um das ganze Ausmaß des menschlichen Versagens zu beschreiben. Er hat mit Batseba, der Ehefrau des Hetithergenerals Uria geschlafen und sie geschwängert, obwohl er als König schon viele Frauen in seinem „Harem“ hat. Danach hat er seine Macht missbraucht und Uria den „Heldentod“ sterben lassen, weil der sich kein Kuckuckskind unterschieben lassen wollte. Alles kommt an die Öffentlichkeit und daraufhin betet David Psalm 51. Er bekennt sich zu seiner Schuld und redet sich nicht heraus. Er gibt zu, dass ihn sein wechselvolles Leben erst jetzt an diesen Punkt der Erkenntnis geführt hat. Er war überheblich und hochmütig und hat geglaubt, dass er richtig liegt und alle anderen falsch. Aber jetzt lässt sich die Wahrheit nicht länger verleugnen: Er ist ein fehlbarer Mensch, der die Verantwortung, die ihm als König übertragen ist, eigentlich nicht tragen kann.

So ist es auch heute: Die Schäden und Verletzungen, die man bei anderen anrichtet, kann man nicht wiedergutmachen. Tote lassen sich nicht aus den Gräbern zurück ins Leben rufen. Auch nicht im übertragenen Sinn: Wenn der Ruf einmal zerstört wurde, kann er nicht wiederhergestellt werden. Die Beschädigung lässt sich nicht rückgängig machen. Zerstörte Ehen oder Freundschaften lassen sich nicht wieder heilen. Das Beste, worauf man hoffen kann, ist, dass die beschädigte Freundschaft oder Ehe anders und womöglich mit etwas mehr Sensibilität und Aufmerksamkeit weitergeht. Diese Erkenntnis, dass sein Leben ein einziger Scherbenhaufen ist, hat der Zöllner – und muss doch weiterleben, weil er sich ja nicht einfach in Luft auflösen kann. Sein Schicksal ist nicht zu beneiden: Er muss alle diese Brüche und Widersprüche, die schlimmen Taten aushalten, die ihn bis zu diesem Gebet geführt haben, das er im Gleichnis spricht. Ihm bleibt keine andere Wahl, als sich an die Brust zu schlagen und zu bitten: „Sei mir Sünder gnädig!"

- **Haben Sie sich schon einmal wie der Zöllner gefühlt?**

Der Zöllner ging gerechtfertigt nach Hause. Das allein wirkt schon wie ein Schlag ins Gesicht aller rechtschaffenen Juden, die sich bemühen, ein gottgefälliges Leben zu führen. Die Anstrengungen der Pharisäer, ihre Gottesfürchtigkeit, ihre selbst auferlegten Einschränkungen sollen nichts wert sein? Jesus entwertet ihre Tugenden: Wozu geben sie sich Mühe, wenn so ein Halunke einfach so für gerecht erklärt wird?

Aber das ist nicht einmal der ganze Skandal. Die Provokation ist noch viel größer. Wenn Jesus die Bemühungen der Frommen wenigstens honorieren würde, aber er sagt, dass sie, die Tugendhaften und richtig Glaubenden, die sich mit keinem Sünder gemein machen, *nicht* gerechtfertigt nach Hause gehen. Sie werden verworfen. Damit eskaliert Jesus so sehr, dass ein weiteres Gespräch eigentlich nicht mehr möglich ist. Gleichnisse wie diese sind es, die den Zorn der Frommen entfachen. Jesus ist nicht in erster Linie wegen politischer Gründe festgenommen worden. Es sind religiöse Aussagen, die ihn das Leben kosten. In den

Augen der Pharisäer betreibt Jesus hier Gotteslästerung, weil er alles ins Gegenteil verkehrt, woran sie glauben. Darauf steht in ihren Augen die Todesstrafe.

- **Gibt es Personengruppen, denen Sie grundsätzlich misstrauen? Warum?**

Bei dieser Interpretation des Gleichnisses entsteht sofort eine Frage: Wie kann es sein, dass Jesus die Rechtschaffenen für ungerechtfertigt erklärt und die „Sünder“ für gerecht? Warum diese Radikalität? Jesus hätte doch wenigstens anerkennen können, dass sich die Pharisäer ernsthaft bemühen, Gott zu gefallen. Dann wäre ein Gespräch noch möglich gewesen. Das kann Jesus aber nicht, denn er glaubte nicht, dass sich Gott auf die Seite der Frommen stellt, sondern an die Seite eines Menschen, der keinen Ausweg mehr sieht. Jesus ist parteiisch. Er sieht die Not der Menschen, die keine Unterstützung mehr bekommen und sich so sehr verrannt haben, dass es für sie kein Entkommen mehr gibt. Er kann im Gleichnis vom verlorenen Schaf sagen, dass der Schafhirte die 99 Schafe zurücklässt, um dieses eine zu suchen, das den Weg nicht allein zurückfindet. So wie der Hirte seinem Schaf nachgeht, braucht ein „verlorengegangener“ Mensch jemanden, der ihm den Rückweg zeigt. Wer bei den Frommen und Gerechten ist, kann sich glücklich schätzen. Er braucht Gott im Grunde nicht. Er kommt gut allein zurecht. Aber was ist mit denen, die aus ihrer katastrophalen Lage nicht allein herausfinden? Die brauchen Gott, um die Rückkehr oder „Umkehr“ zu schaffen. Aber genau das verweigern ihnen die Frommen, indem sie sie zu Sündern stempeln, die kein Recht mehr auf Gottes Gegenwart haben. Jesus erinnert sie im Grunde an die Exoduserfahrung: Gott gibt den Menschen eine Chance, sich von den Mächten zu befreien, die sie versklaven und kleinhalten wollen. Er will eigentlich nur, dass sie ein wenig barmherzig sind denen gegenüber, die ihre Sackgasse endlich erkennen, in die sie geraten sind. Er will, dass sie ihnen eine Chance geben, in die Gemeinschaft zurückkehren zu dürfen.

Aber das verstehen die Pharisäer nicht. Sie glauben, Jesus predige eine „billige Gnade“, die allen hinterhergeworfen wird, die sie nicht einmal haben wollen. Sie erkennen nicht die unterschiedliche Haltung, mit der Zöllner und Pharisäer vor Gott stehen. Der Zöllner hat womöglich zum ersten Mal in seinem Leben einen Moment der Klarheit. Er sieht, wie armselig sein Leben trotz seines zusammengerafften – oder gerade wegen des zusammengerafften Reichtums ist. Der Pharisäer hingegen bleibt nicht allein mit seinem eigenen Leben vor Gott, sondern vergleicht sich mit der armseligsten Gestalt im Raum. Indem er betet: „Ich danke dir, Gott, dass ich nicht bin wie die andern Leute, Räuber, Ungerechte, Ehebrecher, oder auch wie dieser Zöllner.“ (Vers 11) stellt er sich auf den Rücken des Zöllners, um ihn niederzudrücken und sich selbst noch besser zu machen. Aber der Vergleich hinkt – auch bei uns, wenn wir uns selbst mit anderen vergleichen und danach besser dastehen. Er hinkt deshalb, weil man in einem Vergleich so tut, als könnte der andere genauso sein wie ich. Aber man kann nicht einfach ignorieren, dass jeder Mensch objektiv mit ganz anderen Voraussetzungen ins Leben startet. Es ist ein offenes Geheimnis, dass es ein Metin Özlügül in Deutschland viel schwerer hat als ein Michael Müller, weil es einen unterschwelligen systemischen Rassismus gibt, gegen den man nicht viel ausrichten kann. Hinzu kommt, dass es reine Glückssache ist, dass der Pharisäer so gut dasteht und nicht als „Sünder“ in Ungnade gefallen ist. Statt dafür dankbar zu sein, bildet er sich ein, dass es seiner eigenen Anstrengung zu verdanken ist. Er denkt: Der Zöllner hätte sich genauso anstrengen können, hat es aber nicht getan und deshalb fühlt er sich ihm überlegen. Der Pharisäer vergisst, dass es viele Gründe gibt, die ein Leben aus der Bahn werfen können. Manche davon sind selbstverschuldet. Das stimmt. Aber wer hat noch nie etwas Dummes gemacht, was er hinterher bereut hätte? Man kann das eigene

Niveau der Rechtschaffenheit nicht einfach verallgemeinern und für alle als erreichbar erklären. Was ist zum Beispiel mit Menschen, die in zerrütteten Familienverhältnissen groß werden oder in Gegenden absoluter Armut? Was ist mit denen, deren Verstand nicht ausreicht, um sich ein eigenes Leben aufzubauen, die niemals wirklich frei waren von der Manipulation und Beeinflussung anderer? Was ist mit Menschen, die aus wirtschaftlicher Not heraus einen fragwürdigen Beruf ergriffen haben? Falsch und böse ist es, wenn man Menschen auf Verstand und Willen reduziert, als wären sie jederzeit und immer Herr ihres eigenen Lebens. Die traurige Wahrheit ist, dass jedem Menschen das Leben entgleiten kann, auch uns. Es ist eine große Gnade, wenn wir von größeren Katastrophen und vor schwerwiegenden Fehlern verschont bleiben.

- **Welche wichtigen Lebensentscheidungen haben Sie später bereut? Sind Sie in Ihrem Leben je in eine Sackgasse geraten?**

Jesus gibt dem Pharisäer in allen Aussagen seines Gebets Recht: Er ist gut. Er ist rechtschaffen. Er hält aus Ehrfurcht vor Gott alle Gesetze ein. Das Einzige, was Jesus ihm vorwirft: Wenn er sein Gutsein als Gnade Gottes begreift, warum lernt er nicht daraus, anderen Menschen gegenüber nachsichtig zu sein, die nicht so viel Glück hatten? Warum erhöht er sich auf Kosten eines Menschen, dem es schlechter geht als ihm? Unser menschliches Leben ist angefochtener und gebrochener als die Gesetzestreuen wahrhaben wollen.

Hier ist Platz für Ihre eigenen Notizen.

3 Vom verlorenen Sohn

Lukas 15,11-32

- **Welchen Platz haben Sie in der Geschwisterfolge? Tauschen Sie sich darüber aus, welche Charakterzüge die ältesten, mittleren oder jüngsten Geschwister haben.**

11 Und er sprach: Ein Mensch hatte zwei Söhne. 12 Und der
jüngere von ihnen sprach zu dem Vater: Gib mir, Vater, das
Erbteil, das mir zusteht. Und er teilte Hab und Gut unter sie. 13
Und nicht lange danach sammelte der jüngere Sohn alles
zusammen und zog in ein fernes Land; und dort brachte er sein
Erbteil durch mit Prassen. 14 Als er aber alles verbraucht hatte,
kam eine große Hungersnot über jenes Land und er fing an zu
darben 15 und ging hin und hängte sich an einen Bürger jenes
Landes; der schickte ihn auf seinen Acker, die Säue zu hüten. 16
Und er begehrte, seinen Bauch zu füllen mit den Schoten, die
die Säue fraßen; und niemand gab sie ihm. 17 Da ging er in sich
und sprach: Wie viele Tagelöhner hat mein Vater, die Brot in
Fülle haben, und ich verderbe hier im Hunger! 18 Ich will mich
aufmachen und zu meinem Vater gehen und zu ihm sagen:
Vater, ich habe gesündigt gegen den Himmel und vor dir. 19 Ich
bin hinfort nicht mehr wert, dass ich dein Sohn heiße; mache
mich einem deiner Tagelöhner gleich! 20 Und er machte sich
auf und kam zu seinem Vater. Als er aber noch weit entfernt
war, sah ihn sein Vater und es jammerte ihn, und er lief und fiel
ihm um den Hals und küsste ihn. 21 Der Sohn aber sprach zu
ihm: Vater, ich habe gesündigt gegen den Himmel und vor dir;

ich bin hinfort nicht mehr wert, dass ich dein Sohn heiße. 22
Aber der Vater sprach zu seinen Knechten: Bringt schnell das
beste Gewand her und zieht es ihm an und gebt ihm einen Ring
an seine Hand und Schuhe an seine Füße 23 und bringt das
gemästete Kalb und schlachtet's; lasst uns essen und fröhlich
sein! 24 Denn dieser mein Sohn war tot und ist wieder lebendig
geworden; er war verloren und ist gefunden worden. Und sie
fingen an, fröhlich zu sein. 25 Aber der ältere Sohn war auf
dem Feld. Und als er nahe zum Hause kam, hörte er Singen und
Tanzen 26 und rief zu sich einen der Knechte und fragte, was
das wäre. 27 Der aber sagte ihm: Dein Bruder ist gekommen,
und dein Vater hat das gemästete Kalb geschlachtet, weil er ihn
gesund wiederhat. 28 Da wurde er zornig und wollte nicht
hineingehen. Da ging sein Vater heraus und bat ihn. 29 Er
antwortete aber und sprach zu seinem Vater: Siehe, so viele
Jahre diene ich dir und habe dein Gebot nie übertreten, und du
hast mir nie einen Bock gegeben, dass ich mit meinen Freunden
fröhlich wäre. 30 Nun aber, da dieser dein Sohn gekommen ist,
der dein Hab und Gut mit Huren verprasst hat, hast du ihm das
gemästete Kalb geschlachtet. 31 Er aber sprach zu ihm: Mein
Sohn, du bist allezeit bei mir und alles, was mein ist, das ist
dein. 32 Du solltest aber fröhlich und guten Mutes sein; denn
dieser dein Bruder war tot und ist wieder lebendig geworden,
er war verloren und ist wiedergefunden.

Die übliche Auslegung dieses Textes beginnt damit, dass der Sohn sein Erbe verlangt und dadurch seinen Vater bereits für tot erklärt. Das Erbe, so liest man in vielen Kommentaren, sei erst nach dem Tod des Vaters unter den Söhnen aufgeteilt worden. Die Bitte des jüngeren

Sohnes sei demnach unverschämt und eine Beleidigung für den Vater. Indem er sein Erbe zu Lebzeiten des Vaters verlange, sage sich der jüngere Sohn von ihm und seiner Familie los.

Diese Auslegung ist problematisch, wie einige Beobachtungen am Text zeigen: Nach der Rückkehr des Gescheiterten ist kein Wort von diesem Affront zu lesen. Der ältere Bruder beschwert sich ausgiebig bei seinem Vater, aber unter den Vorwürfen taucht dieser, sein Erbe zu früh eingefordert zu haben, nicht auf. Aber gerade hier wäre der richtige Platz dafür gewesen. Auch bei den sorgfältig zurechtgelegten Worten des zurückkehrenden Sohnes findet sich keine Reue über diese vermeintlich schwerwiegende Beleidigung des Vaters, obwohl erheblicher Klärungsbedarf herrschen müsste. Tatsächlich war es zur Zeit Jesu, in der die wirtschaftlichen Verhältnisse schwierig waren, ein legitimes und nachvollziehbares Ansinnen, in der Fremde sein Glück zu suchen. Viele Juden wanderten aus und bildeten Diasporagemeinden in den großen Kulturstädten der damals bekannten Welt. Es gab im Ausland mehr Juden als in Judäa und Galiläa. Die jungen Leute zogen mit ihrem Erbe aus, um der Perspektivlosigkeit der Heimat zu entfliehen. Die Erbschaft zu fordern, war also nichts Ehrenrühriges und kann deshalb auch nicht die Provokation in diesem Gleichnis sein. Die Ausleger mögen Recht haben, dass es ungewöhnlich war. In Krisenzeiten kam es aber bestimmt häufig vor, dass ein Sohn seine Familie verlassen musste, um sich irgendwo anders eine eigene Existenz aufzubauen und sein Erbe dahin mitzunehmen war keineswegs ungehörig.

Die Provokation in diesem Gleichnis ist, dass der junge Mann mit seinem Erbe nicht vernünftig umgeht. Er baut sich damit keine Lebensgrundlage auf, sondern bringt es durch „mit Prassen", wie es hier heißt. Er sucht nicht die Freiheit eines neuen Lebens, sondern die Unabhängigkeit, tun und lassen zu können, was er will. Der Jüngling möchte in Saus und Braus leben und dazu soll ihm das Geld seines Vaters verhelfen. Unvermeidlich führt ihn der falsche Weg, den er beschritten hat, in die Katastrophe. Wer das Gleichnis noch nicht kennt und an dieser Stelle unterbricht, weiß sofort, wie es weitergehen wird. Jeder Außenstehende erwartet, was Jesus dann auch schildert. Sein Lebensstil führt den jüngeren Sohn in die Abhängigkeit. Als Jude kann man kaum tiefer sinken, als Schweine hüten zu müssen, also unreine Tiere, die man im gesamten judäischen Land vergebens sucht.

In unserem Leben ist es oft genauso: Auch wir treffen Entscheidungen, die uns binden, in Abhängigkeiten bringen und Fremdeinflüssen unterwerfen. Ein Außenstehender mag die Katastrophe sogar mit Klarheit vorhersehen, aber wir sind blind für die Konsequenzen, die unausweichlich daraus folgen. Es ist, als hätte man auf der Autobahn die falsche Abfahrt genommen und müsste nun viele Kilometer in die falsche Richtung fahren, ohne die Möglichkeit umzukehren. Wie ferngesteuert muss man wie der junge Mann in der Hungersnot dem eingeschlagenen Weg folgen.

- **Wo haben Sie in Ihrem Leben „Schiffbruch“ erlitten oder die „falsche Abfahrt“ genommen? Wie hat das Ihre Einstellung zum Leben verändert?**

Dann verlangsamt sich der Erzählfluss und der Leser bekommt Einblick in die Gedanken des jungen Mannes im Elend. Man bekommt Anteil an den intimsten Gedanken, indem man ihn in seinem Selbstgespräch „belauscht“. Näher kann man einem Menschen nicht kommen – und deshalb haben solche Passagen besonderes Gewicht. Solche Selbstgespräche werden nur aufgeschrieben, wenn sie wirklich wichtig sind und eine Erkenntnis vermitteln, die der Leser unbedingt hören muss. Ein Selbstgespräch über die Frage, ob man heute zum Mittag lieber ein Schnitzel mit Pommes oder Hühnersuppe aus der Speisekarte auswählt, würde nicht aufgeschrieben werden. Das wäre schlicht zu banal. Es muss sich etwas Wesentliches in den Gedanken ereignen. Zum Beispiel eine Erkenntnis, die den Lebenshorizont des Protagonisten erweitert und potenziell auch die Perspektive des Zuhörers verändern kann. In einem Selbstgespräch ist auch niemand diplomatisch oder baut eine Fassade auf. Wir werden Zeuge dieses Moments, in dem der junge Mann zu sich selbst zurückfindet und sich nicht länger belügt. Er erkennt seine Lage und analysiert, wie er da wieder herauskommen kann. Schließlich stellt er fest, dass es für ihn nur einen Ausweg gibt. Er muss zu seinem Vater zurückkehren. Das kann er eigentlich nicht, nachdem er das Geld verprasst hat. Also legt er sich eine Strategie zurecht. Er will zu ihm sagen: „Vater, ich habe gesündigt gegen den Himmel und vor dir. Ich bin hinfort nicht mehr wert, dass ich dein Sohn heiße" (Lk 15,18f.)

Genau das wiederholt er wörtlich, als er zu Hause ankommt. Diese Worte sind das Ergebnis seiner Einkehr und Analyse seines Problems. Der Junge ist in diese schwierige Lage geraten, weil er gesündigt hat. Sein Elend und die Ausweglosigkeit seiner Situation haben ihm die Klarheit verschafft, das zu erkennen. Sein Unabhängigkeitsstreben hat ihn in die Abhängigkeit geführt. Die vermeintliche Enge bei seinem Vater ist nun der einzige Ausweg zur Freiheit. So, wie hier die Innenschau beschrieben wird, funktioniert Umkehr. Es braucht manchmal eine einschneidende Leiderfahrung oder Krise, um innezuhalten und sich darüber klarzuwerden, was von außen jeder sieht: dass es so wie bisher nicht weitergehen kann.

- **Wie würden Sie auf Ihr Kind reagieren, das sich reumütig bei Ihnen zurückmeldet?**

Der „zündende Satz" ist Vers 20. Der Vater rennt seinem Sohn entgegen. Das ist für einen Patriarchen völlig untypisch. Seine Gewänder lassen es auch gar nicht zu. In ihnen kann er nur würdevoll schreiten. Weit ausgreifende Bewegungen sind gar nicht möglich. Er muss die kleidähnlichen Tücher hochraffen, um mehr Beinfreiheit zu gewinnen. Damit macht er sich zum Gespött und gibt die würdevolle und erhabene Haltung auf, die man als Oberhaupt der Familie in der Öffentlichkeit zu zeigen hat. Ring, Gewand und Schuhe signalisieren, dass der Sohn sofort wieder seinen alten Status zurückbekommt. Der Vater gibt ein Fest zu Ehren seiner Rückkehr. Die Zuhörer dürften einigermaßen irritiert über diese Reaktion des Vaters gewesen sein. Der Überschwang, die Freude über den Rückkehrer und sein Mitgefühl stehen im Kontrast zum selbstverschuldeten Scheitern.

Erst jetzt kann man die Übertragung auf das Himmelreich vornehmen: Bisher haben wir von einer Familie gesprochen, die im Israel der Antike gelebt hat. Der Vater war ein antiker jüdischer Patriarch, der einem seiner Söhne das Erbe ausgezahlt hat. Der Sohn ist krachend gescheitert und kehrte reumütig zu seinem Vater zurück. Statt ihm Vorwürfe zu machen oder Bedingungen zu stellen, machte der Vater klar: Er ist nur froh, dass er seinen Sohn wohlbehalten zurückhat. Kein Zeichen von patriarchaler Härte oder pädagogischer Strenge. Der Patriarch im Gleichnis handelt überraschend anders, als man es in der Realität von ihm erwarten würde – und dieses Verhalten kann man auf Gott übertragen. Wie in diesem Gleichnis versteht Jesus die Beziehung zwischen Gott und Mensch. Gott ist wie ein Vater, der seine Kinder so sehr liebt, dass er alles stehen und liegen lässt, um ihnen entgegenzulaufen, wenn sie zu ihm zurückkehren. Er lässt sogar seine Würde hinter sich, um denjenigen wieder in seine Arme zu schließen, der für ihn die ganze Zeit wie tot war und endlich wieder auftaucht und ins Leben zurückkehrt. Er ist in die Irre gegangen und war verloren. Doch nun ist er wieder da.

- **Haben Sie sich je verirrt? Welche Gefühle kamen in Ihnen hoch?**

Dieses Gleichnis steht in einer ganzen Reihe von Gleichnissen, die das Thema des Verlorenseins aufgreifen: Da ist vom verlorenen Schaf und vom verlorenen Groschen die Rede. Jesus war offenbar der Meinung, dass ein Mensch verloren und wie tot ist, wenn er keine Beziehung zu Gott hat. Es ist unerheblich, ob man selbst schuld an dieser Verlorenheit ist, indem man sein Erbe verschwendet und sich dadurch in diese ausweglose Lage bringt, oder ob ein Groschen ohne eigenes Verschulden in eine Ritze des Dielenbodens fällt. Man muss sich seine Verlorenheit bewusstmachen. Darauf kommt es an. Auf diese Erkenntnis, so will das Gleichnis sagen, reagiert der Vater im Himmel nicht abweisend, sondern irritierend warmherzig und zugewandt. Er wird uns wie dieser Vater im Gleichnis mit ausgestreckten Armen entgegenlaufen.

- **Haben Sie sich je über die Freundlichkeit oder Zuwendung eines Menschen gewundert?**

Im letzten Drittel des Gleichnisses kommt plötzlich der ältere Bruder ins Spiel. Er wird als Gegenbild des Jüngeren gezeichnet. Während letzterer aufgrund seines sprunghaften Charakters viele krumme Wege gegangen ist, scheint seine Biografie eher langweilig und nicht besonders farbenfroh zu sein. Er hat sein ganzes Leben gearbeitet, sich nie etwas gegönnt, sich nie etwas zu Schulden kommen lassen. Es reicht ein Satz, um ihn und sein bisheriges Leben zu beschreiben: Er war auf dem Feld und hat gearbeitet.

- **Waren Sie als Kind eher brav oder rebellisch?**

Der Ältere kommt nach Hause und ist eigentlich zurecht zornig. Die ganze Szene wirkt so, als hätte man ihn, den getreuen und braven, immer gehorsamen Sohn einfach vergessen. Der ganze letzte Teil dieses Gleichnisses wirkt fast wie ein Anhängsel. So als käme einem gerade in den Sinn, dass es ihn ja auch noch gibt, als er geschafft und abgekämpft vom Feld getrottet kommt.

Der ältere Bruder gerät aber nicht deswegen so sehr in Zorn, weil er vergessen worden ist. Er wird zornig, weil sein Gerechtigkeitssinn anspringt. Er arbeitet sein ganzes Leben lang für seinen Vater und gönnt sich nichts. Dieser Taugenichts von jüngerem Bruder bringt das Erbe durch und trotzdem gibt man ihm zu Ehren ein Fest. Es kommt ihm gar nicht in den Sinn, sich darüber zu freuen, dass er noch am Leben und wohlbehalten zurückgekehrt ist. Im Gegenteil: Er distanziert sich, indem er sagt: „dieser *dein* Sohn“ (V.30).

Diese Art der Beurteilung liegt uns heute sehr nahe. Wir urteilen ähnlich wie der ältere Bruder und erwarten, dass die anderen genauso umsichtig, klug und geradlinig handeln wie wir. Wenn sie es nicht tun, braucht man mit ihnen auch nicht barmherzig zu sein. Wenn sie nicht so gut situiert und komfortabel leben, haben sie sich nicht genügend angestrengt oder waren nicht diszipliniert genug. Man braucht nur den Blick auf das zu richten, was ein Mensch in seinem Leben falsch gemacht hat, um jede Härte und Unbarmherzigkeit für gerecht zu erklären. Nur die Ergebnisse zählen, nur die gute und erfolgreiche Tat. Alles andere wird einfach ausgeblendet. Zum Beispiel dass einen jederzeit ein Unglück ereilen kann, der das ganze bisherige geradlinige Leben aus der Bahn wirft. Es ist reine Gnade, dass wir nicht wie der Jüngling bei den Schweinen landen und die Menschen, die diese Gnade leider nicht erfahren haben, brauchen nicht die zweifellos gut gemeinten Ratschläge, wie sie es hätten besser machen sollen, sondern jemanden, der ihnen beisteht.

Jesus richtete den Blick auf die erbarmungswürdige Natur eines jeden Menschen, der eine Art der Zuwendung braucht, wie sie der Vater im Gleichnis übt.

- **Haben Sie in Ihrem Leben Zuwendung erfahren, obwohl Sie sie eigentlich nicht verdient hätten?**

Ein weiterer Aspekt ist die Vorstellung, die der ältere Bruder von seinem Vater hat. Sie offenbart sich im Dialog, als der Vater bittet, zu den Feiernden mit ins Haus zu kommen. Er sagt: „Siehe, so viele Jahre diene ich dir und habe dein Gebot nie übertreten, und du hast mir nie einen Bock gegeben, dass ich mit meinen Freunden fröhlich wäre." (Vers 29) Er diente und hat nie Gebote übertreten – das sind nicht die Worte eines Sohnes. Das sind die Worte eines Knechts, der Angst vor seinem Herrn hat und bloß keinen Fehler machen will. Der ältere Bruder hat offensichtlich ein völlig falsches Bild von seinem Vater.

Wie viele Christen vermitteln genau den gleichen Eindruck von ihrem „Vater" im Himmel? Sie reden zwar von der Barmherzigkeit und Liebe Gottes, die jedem Menschen vorbehaltlos gilt. Aber das ist nur ein dogmatischer Satz, der überhaupt keine Wirkung im Umgang miteinander entfaltet. Stattdessen fügen sie dem Stress, den man ohnehin schon hat, noch eine Handvoll Regeln hinzu, die es zu beachten gilt, wenn man Christ wird. Es ist, als müsste man eine Art geistlicher Leibesvisitation über sich ergehen lassen und alles abgeben, was irgendwie Freude am Leben bereitet. Sie sprechen zwar von der Liebe Gottes, verhalten sich aber wie der ältere Bruder in unserem Gleichnis, der seinen Vater scheinbar für einen Tyrannen hält, der mit Angst, Manipulation und Misstrauen überwacht, dass er ja niemals aus der Reihe tanzt oder einen Fehler macht.

Der Vater versucht, das falsche Bild seines Sohnes geradezurücken: „Alles, was mein ist, das ist dein". Das ist ein wunderbarer Satz, der leider viel zu wenig beachtet wird. Er ist so etwas wie ein Blankoscheck für Christen. Er ist eine Zusage: „Komm her und suche dir aus, was du haben willst." In dieser Aussage schimmert wieder einmal durch, wie Jesus seinen Vater im Himmel sieht. Er ist jemand, der gerne gibt und nicht knausert. Man braucht ihm keine Opfergaben zu geben, um ihn zu besänftigen oder seinen Segen zu bekommen. Er schenkt alles gern und reichlich.

- **Mit welchem Gottesbild sind Sie groß geworden? Wie denken Sie heute über Gott?**

Wichtig ist am Schluss, an wen sich dieses Gleichnis richtet. Am Anfang des Kapitels wird gesagt, dass die Sünder und Zöllner zu Jesus kamen. Das ruft die Pharisäer und Schriftgelehrten auf den Plan, die ihm daraus einen Vorwurf machen. Darauf antwortet Jesus mit den Gleichnissen über die Verlorenheit der Menschen, von denen unser Gleichnis das ausführlichste und bekannteste ist. Sie richten sich an beide Gruppen. Jesus sagt den Sündern und Zöllnern, den Kranken und Ausgestoßenen, den Ausgegrenzten und Verunglimpften zu, dass sie einen Platz im Reich Gottes haben. Sie sind Gott genauso willkommen, wie die Frommen, die Rechtgläubigen und Gesegneten, die in der Mitte der Gesellschaft stehen. Sie haben ein Bild von Gott, das ehrlicher und wahrhaftiger ist, denn sie sind auf die Barmherzigkeit Gottes angewiesen. Die Pharisäer und Schriftgelehrten sind das im Grunde nicht, da sie mit ihren eigenen Anstrengungen das Leben meistern können. Sie haben diese Abhängigkeit der anderen noch nie erlebt und wissen deshalb gar nicht, was es bedeutet, aus der Gnade zu leben. Das ist auch unser Problem. Im Grunde brauchen wir Gott nicht, weil wir in abgesicherten Verhältnissen leben. Echte Abhängigkeit kennen nur die Menschen, die zum Beispiel von den Sozialleistungen des Staates leben müssen und plötzlich einen neuen Kühlschrank brauchen, weil der alte kaputtgegangen ist und nicht wissen, von welchem Geld sie den bezahlen sollen. Wie der ältere Bruder haben die gut situierten Pharisäer und Schriftgelehrten ein völlig falsches Bild von Gott. Sie glauben, dass er hart und unbarmherzig ist und nur Ergebnisse sehen will. Sie könnten von den Menschen am Rande der Gesellschaft lernen, die sie für Sünder und von Gott Verstoßene halten.

Und dann endet das Gleichnis abrupt und unvermittelt. Man fällt regelrecht aus ihm heraus und fragt sich: Was hat der ältere Bruder nun gemacht? Ist er im Zorn draußen geblieben oder hat er sich besänftigen lassen? Hat er auf seinem Standpunkt beharrt oder ist er zum Fest hineingegangen?

Dieser offene Schluss ist bewusst so gestaltet. Der Leser ist vor die gleiche Frage gestellt:

- **Gehen Sie mit hinein zum Fest oder bleiben Sie lieber draußen stehen? Wie flexibel und wandlungsfähig ist Ihr Bild von Gott heute noch?**

Hier ist Platz für Ihre eigenen Notizen.

4 Von den Arbeitern im Weinberg

Matthäus 20,1-16

- **Können Sie sich noch erinnern, wie viel Sie in ihrem ersten Ferienjob oder an Ihrem ersten Arbeitsplatz verdient haben? Waren Sie je für eine Zeitarbeitsfirma beschäftigt? Wie waren Ihre Erfahrungen?**

1 Denn das Himmelreich gleicht einem Hausherrn, der früh am Morgen ausging, um Arbeiter anzuwerben für seinen Weinberg. 2 Und als er mit den Arbeitern einig wurde über einen Silbergroschen als Tagelohn, sandte er sie in seinen Weinberg. 3 Und er ging aus um die dritte Stunde und sah andere auf dem Markt müßig stehen 4 und sprach zu ihnen: Geht ihr auch hin in den Weinberg; ich will euch geben, was recht ist. 5 Und sie gingen hin. Abermals ging er aus um die sechste und um die neunte Stunde und tat dasselbe. 6 Um die elfte Stunde aber ging er aus und fand andere stehen und sprach zu ihnen: Was steht ihr den ganzen Tag müßig da? 7 Sie sprachen zu ihm: Es hat uns niemand angeworben. Er sprach zu ihnen: Geht ihr auch hin in den Weinberg. 8 Als es nun Abend wurde, sprach der Herr des Weinbergs zu seinem Verwalter: Ruf die Arbeiter und gib ihnen den Lohn und fang an bei den letzten bis zu den ersten. 9 Da kamen, die um die elfte Stunde angeworben waren, und jeder empfing seinen Silbergroschen. 10 Als aber die Ersten kamen, meinten sie, sie würden mehr empfangen; und sie empfingen auch ein jeder seinen Silbergroschen. 11 Und als sie den empfingen, murrten sie gegen den Hausherrn 12 und sprachen: Diese Letzten haben

nur eine Stunde gearbeitet, doch du hast sie uns gleichgestellt,
die wir des Tages Last und die Hitze getragen haben. 13 Er
antwortete aber und sagte zu einem von ihnen: Mein Freund,
ich tu dir nicht Unrecht. Bist du nicht mit mir einig geworden
über einen Silbergroschen? 14 Nimm, was dein ist, und geh! Ich
will aber diesem Letzten dasselbe geben wie dir. 15 Oder habe
ich nicht Macht zu tun, was ich will, mit dem, was mein ist?
Siehst du darum scheel, weil ich so gütig bin? 16 So werden die
Letzten die Ersten und die Ersten die Letzten sein.

Wie in den meisten Fällen knüpft das Gleichnis an eine normale Alltagssituation im antiken Orient an. Noch bevor die Sonne aufgeht, also vor 6 Uhr früh, standen die Tagelöhner auf dem Marktplatz, um für den Tag eine Arbeit zu finden. Ihre wirtschaftliche Stellung war noch schlechter als die von Haussklaven. Da die Haussklaven Eigentum darstellten, gingen ihre Besitzer „pfleglich" mit ihnen um. Sie wollten den Wert ihrer „Ware" schließlich nicht mindern, sondern so lange wie möglich erhalten. Wurde ein Haussklave krank, war das ein Ausfall des investierten Kapitals, weil er nicht arbeiten und für seinen Besitzer tätig sein konnte. Deshalb setzte der Besitzer alles daran, seinen Sklaven wieder fit zu bekommen. Bei einem Tagelöhner war das anders: Wurde der krank, interessierte das niemanden außer ihn selbst. Der römische Politiker Cato empfahl, harte, gefährliche und gesundheitsschädliche Arbeiten ausschließlich von Tagelöhnern machen zu lassen, um die Sklavenarbeiter zu schonen, die zum eigenen Hausstand gehören. Um es in moderne Sprache zu übersetzen: Sklaven sind wie Autos, die einem selbst gehören und um die man sich kümmern muss. Über jeden Kratzer und jede Beule ärgert man sich. Tagelöhner sind wie Autos, die man sich für eine begrenzte Zeit ausleiht oder least und danach zurückgibt. Da sind Kratzer und Beulen egal.

In unserem Gleichnis handelt der Weinbergbesitzer mit den Tagelöhnern einen Denar als Lohn aus. Das ist eine übliche Bezahlung für einen Tag Arbeit, von dem eine Familie für einen Tag leben kann. Man kann davon ausgehen, dass gerade die Traubenernte ansteht und deshalb viele zusätzliche Kräfte gebraucht werden. In dieser Zeit stehen die Weinbergbesitzer unter hohem Druck, denn jederzeit kann die Regenzeit beginnen und die Ernte verderben. Obwohl der Weinbergbesitzer tagsüber mehrmals zum Markt geht, gibt es immer noch eine große Auswahl an Arbeitern. An der Anzahl derer, die auf dem Markt stehen und sich um Arbeit bemühen, kann man die wirtschaftliche Gesamtsituation ablesen und die ökonomischen Verhältnisse sind offenbar sehr schlecht, denn Tagelöhner wird man nicht ohne Not. Man könnte es vergleichen mit der Anzahl der Arbeitslosen in einem Land, für die es keine Jobs gibt, weil Rezession herrscht. Jesus baut die aktuellen gesellschaftlichen Verhältnisse in sein Gleichnis ein und zeigt, dass er ein feines Gespür dafür hat.

Es war damals völlig normal für einen Weinbergbesitzer, während der Erntewochen ein zweites Mal um 9:00 Uhr zum Markt zu gehen, um weitere Arbeiter zu rekrutieren. Manche kalkulierten so vorsichtig und knapp, dass sie ein drittes Mal um 12:00 Uhr hingingen, aber das war schon außergewöhnlich. Weinbergbesitzer mussten sehr genau ausrechnen, wie viele Tagelöhner sie brauchten, um die Tagesarbeit zu schaffen. Wenn sie zu viele Tagelöhner einstellten, machten sie sonst vielleicht Verluste.

In unserem Gleichnis handelt der Gutsbesitzer aber keinen Lohn mehr aus, sondern sagt einfach: „Ich will euch geben, was recht ist." (Vers 4) Die Zuhörer haben sofort an „Lohndumping" gedacht: Wer um 12:00 Uhr eingestellt wurde und einen halben Tag arbeitete, bekam keinen halben Denar als Lohn, sondern deutlich weniger. Die Tagelöhner waren froh, dass sie überhaupt noch eingestellt werden und wenigstens etwas verdienten. Wenig ist besser, als gar nichts – und das wussten auch diejenigen, die Tagelöhner beschäftigen.

- **Gibt es etwas, dass Sie am Gleichnis merkwürdig finden oder irritiert?**

Diese Hintergründe brauchte Jesus nicht zu erwähnen, denn sie waren jedem Zuhörer bekannt – aber nach diesen ersten vier Versen verlässt das Gleichnis die normale Alltagssituation und fällt aus dem Rahmen: Der Weinbergbesitzer geht ein viertes und fünftes Mal zum Marktplatz. Sogar um 17:00 Uhr stellt er noch Leute ein. Das ist nun völlig unrealistisch: Es dürfte ungefähr 20 Minuten gedauert haben, um zum Feld des Weinbergbesitzers zu laufen. 18:00 Uhr wurde es dunkel und der Arbeitstag war zu Ende. Im Idealfall arbeiteten die so spät eingestellten Tagelöhner noch für eine halbe Stunde.

Diese Wendung des Gleichnisses ist überraschend. Niemand würde so handeln. Aber der Weinbergbesitzer handelt so – und Jesus vergleicht ihn mit Gott. Die erste wichtige Aussage ist also: Gott handelt überraschend und ungewöhnlich. Er richtet sich nicht nach Maßstäben, die uns Menschen vernünftig oder logisch erscheinen. Gott ist ganz anders, als wir ihn uns vorstellen.

- **Wie sind Sie von Gott überrascht worden?**

Wir stehen in der Gefahr, unsere Vorstellungen für die Wirklichkeit zu halten, aber oft genug stimmen sie einfach nicht. Auch nicht bei Gott. Wir legen menschliche Maßstäbe an und versuchen ihn für uns handhabbar zu machen. Gott lässt sich aber nicht in die Ritzen unseres Alltags stopfen. Jesus findet, dass Gott überraschend, ungewöhnlich und unvorhersehbar handelt. Er ist fremd. Das ist eigentlich nicht verwunderlich, denn er gehört nicht in unsere Welt. Er ist sehr viel unverständlicher, fremdartiger und größer als wir mit unserem Verstand erfassen können. Deshalb brauchen wir Bilder, um ihn uns vorzustellen. Wir dürfen unsere Bilder aber nicht mit Gott selbst verwechseln. Wenn Gott in unsere Welt einbricht, dann würden wir die ganze Fremdheit spüren, die von ihm ausgeht. Hier im Gleichnis wird das dadurch deutlich, dass der Weinbergbesitzer auch am Nachmittag und Abend zum Marktplatz geht, um weitere Arbeiter anzuwerben. Die Motive dafür bleiben im Dunkel und werden nicht erklärt. Das ist konsequent, denn die Fremdheit Gottes kann man nicht erklären.

Noch irritierender ist die Frage, die der Weinbergbesitzer den Tagelöhnern im Vers 6 stellt: „Was steht ihr den ganzen Tag müßig da?"

- **Welche Sprichwörter kennen Sie, die Faulheit thematisieren? Finden Sie Faulheit und Müßiggang in Ordnung oder falsch?**

Die Frage des Gutsbesitzers muss richtig übersetzt werden, damit man sie richtig versteht. Es geht nicht darum, dass die Arbeiter faul wären und als Taugenichtse gerügt werden. Sie stehen ja nicht freiwillig den ganzen Tag auf dem Marktplatz herum. Sie würden am liebsten arbeiten, um Geld für ihre Familie zu verdienen. Man müsste hier besser übersetzen mit: „Warum steht ihr hier arbeitslos?" Die Antwort der Tagelöhner ist genauso banal wie rhetorisch: „Es hat uns niemand angeworben." (Vers 7) Dieser Minidialog soll einen Missstand aufzeigen: Die Krise der Ökonomie führt zu einer menschlichen Katastrophe. Es gibt so viele Tagelöhner, die in Armut und ohne jede Absicherung leben müssen, wie selten zuvor. Sie sind der Willkür ihrer Arbeitgeber ausgesetzt. Dieser Minidialog zeigt, wie sensibel Jesus für die gesellschaftliche Situation seiner Zeit gewesen ist. Im Gegensatz zur Oberschicht hat er sehr genau hingeschaut. Jesus hatte ein Herz und viel Verständnis für die schwierige Lage der Menschen, die zu den Verlierern der Gesellschaft gehörten.

Bis heute hat sich am Grundproblem nichts geändert: Es gibt Menschen, die zu den gesellschaftlichen Gewinnern gehören und die Verlierer ausbeuten und übervorteilen können. Damals gehörten zur Gruppe der Verlierer die Tagelöhner, Witwen, chronisch Kranke und Menschen mit Behinderungen. Heute könnten es prekär Beschäftigte, Flüchtlinge und Arbeitslose sein. Die globalisierte Wirtschaft erzeugt Wohlstand, aber gleichzeitig auch sehr viel Armut und Perspektivlosigkeit. Neoliberale Narrative wie der „Trickle-Down-Effekt" oder der sich selbst regulierende Markt können nicht stimmen, wie man an dem millionenfachen Elend in der Welt sieht. Vielleicht sind die Radikalisierung ganzer Bevölkerungsgruppen und gesellschaftliche Spaltung auch darauf zurückzuführen, dass Menschen hoffnungslos sind und sich ohnmächtig fühlen angesichts einer Welt, in der man immer schwerer zurechtkommt.

Dann kommt es zur Auszahlung des Lohns – und wieder handelt der Weinbergbesitzer sehr überraschend. Er zahlt den zuletzt Eingestellten einen Denar aus. Hier wird eine Erwartungshaltung aufgebaut: Wenn schon die letzten einen ganzen Denar erhalten, was bekommen dann diejenigen, die zuerst angestellt wurden? Bestimmt zahlt ihnen der Verwalter mehr als den vereinbarten Lohn aus. So wird es auch im Gleichnis selbst geschildert.

Eine solche Haltung gegenüber Gott begegnet uns heute auch: Man erwartet von ihm, dass er unsere Wünsche erfüllt und unsere manchmal recht egoistischen Gebete erhört. Viele Menschen haben ein sehr einfach gestricktes Bild von Gott: Solange alles gut läuft, kann man ihn getrost ignorieren. Wenn es Probleme gibt, muss er als Sündenbock dafür herhalten oder soll die Probleme auf übernatürliche Weise lösen. Wenn Gott unsere Wünsche nicht erfüllt oder ganz anders ist, als wir in unserer Vorstellung erwartet haben, sind wir enttäuscht und wenden uns ab. Jesus zeichnet in seinem Gleichnis aber ein Bild, das sich nicht leicht in irgendwelche Schablonen pressen lässt. Gott ist schlicht nicht so, wie wir ihn gern hätten.

- **Welche Erwartungen haben Sie an Gott? Welche haben sich erfüllt? Welche nicht?**

Die aufgebaute Erwartung der Tagelöhner, die ganz am Anfang eingestellt wurden, erfüllt sich nicht. Auch sie bekommen jeder nur den vereinbarten Tageslohn, nämlich einen Denar. Sie sind enttäuscht und nun kommt es im Schlussdrittel des Gleichnisses zu einem Dialog. Zunächst muss man festhalten, dass die Argumente der unzufriedenen Tagelöhner sachlich und einleuchtend sind. Sie bringen starke Argumente vor: Sie haben die Gluthitze des Mittags ertragen, aber die anderen nicht. Sie haben den ganzen Tag für den Weinbergbesitzer harte Arbeit geleistet und deshalb finden sie es ungerecht, dass die anderen den gleichen Lohn bekommen, die doch weniger geleistet haben.

In unserer „Leistungsgesellschaft" leuchten diese Argumente sofort ein. (Allerdings wird damit eher Lohndumping betrieben: Statt mehr Lohn zu zahlen, beharrt man darauf, dass die anderen weniger Lohn bekommen müssen, für weniger Leistung.)

- **Wie finden Sie, dass alle den gleichen Lohn erhalten? Ist der Ärger der Tagelöhner gerechtfertigt?**

Die Tagelöhner bringen hier ein sehr gutes Argument vor, das man nicht einfach beiseite wischen kann. Es ist weder emotional noch suggestiv noch verunglimpfend. Es stellt sachlich dar, was zurecht für die Arbeiter ärgerlich ist. Das ist heute leider nicht mehr sehr weit verbreitet. Meist argumentiert man heute anders. Man sucht sich die schwächsten Argumente des Gegners und vergleicht sie mit den eigenen starken Argumenten. Man arbeitet mit Verunglimpfung, wird persönlich und wertet die Argumente als nicht legitim ab, weil sie aus der „falschen Ecke“ kommen. Es wäre erfrischend und würde den demokratischen Diskurs unserer pluralistischen Gesellschaft stärken, wenn man wieder lernen würde, auf diese nüchterne und sachliche Art ins Gespräch zu kommen. Das könnte so aussehen, wie in unserem Gleichnis: Zunächst müsste man das Argument des anderen wirklich verstehen. Das geht nur, wenn man es so wiedergeben kann, dass selbst der Gegner nichts mehr daran auszusetzen hat. Umgekehrt genauso: Der Gegner muss die eigene Position so wiedergeben, dass man nur noch dazu nickt und sagt: „Ich hätte es nicht besser ausdrücken können.“

Im weiteren Verlauf greift Jesus zu einem rhetorischen „Kniff“: Der Weinbergbesitzer als Repräsentant der Oberschicht – dazu gehörte nur ein verschwindend geringer Teil der Bevölkerung – nimmt die Perspektive der Tagelöhner ein, um seinen Standpunkt zu erklären. Er wird dargestellt als jemand, der die Probleme und Sorgen dieser Leute sehr genau kennt, obwohl er in einer völlig anderen Welt lebt.

- **Wie argumentiert der Weinbergbesitzer? Was ist seine Perspektive?**

Zunächst begegnet der Weinbergbesitzer den Tagelöhnern freundlich. Er spricht persönlich mit ihnen, statt seinen Verwalter vorzuschicken. Außerdem redet er sie mit „Freund“ an. Er zeigt damit, dass er den Tagelöhnern wohlgesonnen ist und ein positives Verhältnis zu ihnen hat. Der Weinbergbesitzer erklärt nun, dass er nicht ungerecht handelt. Er hat mit den ersten Tagelöhnern einen Lohn von einem Denar ausgehandelt, der auch anständig für die damalige Zeit war, denn von diesem Geld konnte man seine Familie für einen Tag ernähren. Er betreibt kein Lohndumping und übervorteilt sie auch nicht. Mit den anderen Tagelöhnern hat er vereinbart, ihnen zu geben „was recht ist.“ Was ist recht? Das ist die alles entscheidende Frage in der Diskussion zwischen ihnen. Ist es gerecht, dass sie nur so viel bekommen sollen, wie sie gearbeitet haben? Dann hätten sie nicht genug Geld, um ihre Familie am nächsten Tag zu versorgen. Sie können nichts dafür, dass sie keine Arbeit bekommen haben, denn sie waren ja arbeitswillig. Es ist ungerecht, dass sie unverschuldet und trotz ihrer Bereitschaft nicht genug Geld verdient haben. Sie brauchen das Geld ja trotzdem und der Weinbergbesitzer hat sich entschieden, ihnen zu geben, was sie brauchen. Das empfindet er als gerecht. Die verärgerten Tagelöhner sollten das eigentlich viel besser wissen als er und sich mit ihnen solidarisieren. Ihnen könnte es schon morgen genauso ergehen. Sie leben jeden Tag mit der Angst, keine Arbeit zu bekommen oder übervorteilt zu werden. Jetzt ist ein Mann ausnahmsweise gütig und gibt ihren Leidensgenossen, was sie zum Leben brauchen. Anstatt sich zu freuen, werden sie ärgerlich. Sie haben nicht die anderen Tagelöhner im Blick, sondern nur sich selbst und ihren vermeintlich entgangenen Mehrgewinn. Es ist eigentlich peinlich, dass ausgerechnet der Mann aus der Oberschicht die Perspektive der Tagelöhner viel besser verstanden hat als sie selbst.

- **Wo kommt Ihnen Gott manchmal unfair vor? Wo erleben Sie ihn als großzügig?**

Der Weinbergbesitzer durchbricht an dieser Stelle nicht das Leistungsprinzip, wie in vielen Auslegungen zu diesem Text zu lesen ist, denn die ersten Tagelöhner bekommen ja genau den vereinbarten Lohn. Die Perspektive richtet sich auf die Menschen, die Großzügigkeit und Unterstützung brauchen, weil sie in einer Notlage sind. Man mag es als unfair empfinden, dass für weniger Leistung der gleiche Lohn ausgezahlt wird, aber fair und leistungsgerecht ist unsere Gesellschaft noch nie gewesen. Normalerweise passiert das Gegenteil: Die Notlage von Menschen wird ausgenutzt, statt sie zu unterstützen. Es ist auch nicht fair, dass Menschen ein leistungsloses Einkommen haben, also immer mehr Geld bekommen, ohne einen Finger dafür zu rühren, während andere ihr Leben lang arbeiten und dann zusätzlich zur Rente Sozialhilfe beantragen müssen.

Jesus wechselt die Perspektive. Er fragt nicht, was einem möglicherweise an Profit entgangen ist oder wie viel man im Vergleich mit anderen hätte bekommen müssen. Er verfolgt den Gedanken, was Menschen zum Leben unbedingt brauchen. Gott ist zwar fremd und unbegreiflich. Er handelt unvorhersehbar. Aber er sieht die menschliche Not und will sie lindern. Er gönnt uns das, was wir zum Leben brauchen.

Hier ist Platz für Ihre eigenen Notizen.

5 Vom bösen Knecht

Matthäus 18,21-35

- **Haben Sie je Geld verliehen und es nicht zurückbekommen? Wie hat sich das auf die Beziehung ausgewirkt?**

21 Da trat Petrus hinzu und sprach zu ihm: Herr, wie oft muss
ich denn meinem Bruder, der an mir sündigt, vergeben? Ist's
genug siebenmal? 22 Jesus sprach zu ihm: Ich sage dir: nicht
siebenmal, sondern siebzigmal siebenmal. 23 Darum gleicht das
Himmelreich einem König, der mit seinen Knechten abrechnen
wollte. 24 Und als er anfing abzurechnen, wurde einer vor ihn
gebracht, der war ihm zehntausend Zentner Silber schuldig. 25
Da er's nun nicht bezahlen konnte, befahl der Herr, ihn und
seine Frau und seine Kinder und alles, was er hatte, zu
verkaufen und zu zahlen. 26 Da fiel der Knecht nieder und
flehte ihn an und sprach: Hab Geduld mit mir; ich will dir's alles
bezahlen. 27 Da hatte der Herr Erbarmen mit diesem Knecht
und ließ ihn frei und die Schuld erließ er ihm auch. 28 Da ging
dieser Knecht hinaus und traf einen seiner Mitknechte, der war
ihm hundert Silbergroschen schuldig; und er packte und
würgte ihn und sprach: Bezahle, was du schuldig bist! 29 Da fiel
sein Mitknecht nieder und bat ihn und sprach: Hab Geduld mit
mir; ich will dir's bezahlen. 30 Er wollte aber nicht, sondern
ging hin und warf ihn ins Gefängnis, bis er bezahlt hätte, was er
schuldig war. 31 Als nun seine Mitknechte das sahen, wurden
sie sehr betrübt und kamen und brachten bei ihrem Herrn alles
vor, was sich begeben hatte. 32 Da befahl ihn sein Herr zu sich

und sprach zu ihm: Du böser Knecht! Deine ganze Schuld habe ich dir erlassen, weil du mich gebeten hast; 33 hättest du dich da nicht auch erbarmen sollen über deinen Mitknecht, wie ich mich über dich erbarmt habe? 34 Und sein Herr wurde zornig und überantwortete ihn den Peinigern, bis er alles bezahlt hätte, was er schuldig war. 35 So wird auch mein himmlischer Vater an euch tun, wenn ihr nicht von Herzen vergebt, ein jeder seinem Bruder.

In der jüdischen Tradition galt eine dreimalige Vergebung als höchste Grenze dessen, was man gegenüber seinen Mitmenschen an Vergebungsbereitschaft aufbringen musste. Petrus hat offenbar gemerkt, dass Jesus dieses Thema sehr wichtig war und legt in unserem Text einen noch höheren Maßstab an. Sein Vorschlag, sieben Mal zu vergeben, ergibt sich aus dem Symbolgehalt dieser Zahl. Sie galt als Zahl der Vollkommenheit und Vollendung: Die Woche hat sieben Tage. Die Welt wurde in sechs Tagen erschaffen und am siebten Tag ruhte Gott von allen seinen Werken. Es gab sieben „fette" und sieben „magere" Jahre, als Josef in Ägypten erster Mann im Staat war.

Jesus antwortet, man solle „siebzigmal siebenmal" vergeben. Damit ist nicht gemeint, diese Zahl zu multiplizieren und insgesamt 490-mal zu vergeben. Damit würde man in der Logik der Rabbinen und des Petrus bleiben, die an ein Prinzip der Gerechtigkeit glauben: Mitmenschlichkeit hat moralische Grenzen, über die man nicht hinauszugehen braucht. Es reicht, wenn man ein bestimmtes Kontingent an Vergebungsbereitschaft hat, danach greift wieder der alte Mechanismus der Vergeltung. Diese Sicht auf das Zusammenleben verkennt die wahre Notlage aller Menschen: Sie tun nicht freiwillig oder mit Absicht das Böse, sondern sie sind Getriebene der Angst. Deshalb brauchen sie nicht den Druck, dass sie bereits drei-, fünf- oder gar sechsmal gescheitert sind und nur noch einen „Schuss frei" haben, sondern jemanden brauchen, der sie aus ihrer Angst heraushilft. Jesus ist der Meinung, dass sich unser Leben nicht auf moralische Vorstellungen reduzieren lässt. Moral geht immer davon aus, dass ein Mensch sich für oder gegen das Böse entscheiden kann, aber diese Freiheit hat er nicht. Deshalb scheitern alle Versuche, Menschen durch moralische Vorschriften zu einem besseren Verhalten zu bewegen. Jesus macht mit dem Gleichnis vom „Schalksknecht", wie unser Gleichnis in der Vergangenheit genannt wurde, deutlich, dass die Menschen in ihrem Zusammenleben keinen erhobenen Zeigefinger brauchen, sondern eine ausgestreckte Hand, die sie ergreifen können, wenn sie am Abgrund stehen und taumeln.

- **Wie nachtragend sind Sie? Wie gehen Sie in Ihrer Familie mit Fehlern um?**

Das Gleichnis ist ein einziger Widerspruch zum Grundprinzip unseres Rechtssystems: Wer sich in unserem Land etwas zu Schulden kommen lässt, muss dafür geradestehen. Unsere Gesetze gehen davon aus, dass wir jederzeit frei sind, uns für das Böse oder Gute zu entscheiden. Wer zum Beispiel beim Ausparken einen Schaden verursacht, ist vielleicht von einem lauten Knall erschreckt. Er schaut sich in seiner Verwirrung um, was gerade geschehen ist. Erst allmählich wird klar, dass er gerade ein anderes Auto angefahren hat, das an seiner Parklücke vorbeigefahren ist. Er hatte es schlicht übersehen. Juristisch gesehen hat der Ausparkende Schuld, weil er das vorbeifahrende Auto nicht hätte übersehen dürfen. Es ist aber fraglich, ob in einem solchen Fall überhaupt von Schuld gesprochen werden kann. Jedem anderen wäre in dieser Situation das Gleiche passiert. Sollte die Polizei diesen Schaden aufnehmen, kommt eine Ordnungswidrigkeit ganz automatisch dazu, die zusätzlich zum Schaden bezahlt werden muss. So unsinnig diese Vorgehensweise erscheint, so logisch ist sie innerhalb unseres modernen

Rechtsverständnisses: Der Ausparkende hat einen Fehler gemacht, den er nicht hätte machen dürfen. Ihm wird unterstellt, er könne und müsse zu jederzeit alle Faktoren des Straßenverkehrs unter Kontrolle haben. Der Unfall ist geschehen, weil er nicht aufmerksam genug war. Es ist nicht vorgesehen, dass Dinge „einfach so" passieren. Das gilt auch für Katastrophen und Unfälle, die in der medialen Öffentlichkeit große Aufmerksamkeit bekommen: Schnell wird die Frage gestellt, wer daran schuld sei. Die Katastrophe hätte verhindert werden können, wenn die Verantwortlichen richtig gehandelt hätten. Es wird davon ausgegangen, dass die Menschen jederzeit die Möglichkeit haben, das Richtige zu tun.

Unser Gleichnis hat eine andere Vorstellung davon, wie die Beziehungen zueinander aussehen: Da steht ein Schuldner vor seinem Gläubiger und hat so viele Schulden, dass er sie niemals zurückzahlen kann. Selbst wenn seine Familie und er als Sklaven verkauft würden, wie der König zunächst befiehlt, könnten von den umgerechnet vielen Milliarden Euro nicht einmal die fälligen Zinsen beglichen werden. So ist unsere Situation vor Gott. Es gibt keine Möglichkeit, diese Schuld je abzutragen oder in irgendeiner menschlichen Weise zu begleichen. Diese Freiheit haben wir nicht. Deshalb kann man unsere Beziehungen zueinander nicht in den Kategorien von Richtig und Falsch oder Gut und Böse bemessen. Angesichts der Notlage ist niemand frei, sondern immer Schuldner. Folgendes Beispiel kann das Problem, das unser Gleichnis offenbart, illustrieren: Ein Mann hat in der Hitze des Streits seine Frau zurückgestoßen, die bedrohlich auf ihn zugegangen ist. Sie ist unglücklich gefallen und an den Verletzungen gestorben. Schon im nächsten Moment schlägt er entsetzt die Hände vor den Mund und weiß selbst: Alles, was er in der Vergangenheit geleistet hat, alle Tugendhaftigkeit und Redlichkeit zählen nichts mehr angesichts der Ungeheuerlichkeit dieser Tat. Aber es gibt nichts, was sie ungeschehen machen könnte.

Unser Gleichnis sagt: So muss man unsere Situation vor Gott sehen. Wir sind wie dieser Mann, dessen Tat von nun an über seinem Leben hängt. Und so sollte auch unsere Beziehung zueinander sein: Wie Menschen, die wissen, dass sie ihre Schulden nie abtragen könnten.

- **Wo musste Ihnen einmal vergeben werden? Welche Bedingungen knüpfen Sie an Ihre Bereitschaft, anderen zu vergeben?**

Wir nehmen im Gleichnis naturgemäß die Perspektive des Schuldners ein. Es gibt aber auch die des Königs. Wenn man sich in ihn hineinversetzt, dann ist sofort klar, dass er niemals die Schulden bei seinem Knecht wird eintreiben können. Seine Vergebungsbereitschaft ist da nur folgerichtig, denn welches Interesse soll der König daran haben, dass der Mann sein restliches Leben im Schuldturm verbringt? Damit ist ihm nicht geholfen und dem Knecht erst recht nicht. Aus dieser Perspektive ist es sogar logisch und konsequent, dass der König allein auf das Flehen des Knechtes die Schulden erlässt.

Dieses Gleichnis zeigt einmal mehr, wie Jesus seinen Vater im Himmel sieht: Er lässt sich durch die Not der Menschen erweichen. In diesem Fall ist die Not sogar selbst verschuldet und nicht eine Katastrophe, für die niemand etwas kann. Trotzdem ist die Vergebungsbereitschaft so groß, wie 10.000 Talente, also so groß, wie man sie sich nur vorstellen kann. Gott pocht nicht auf seinem Recht, das im Gleichnis dazu führen würde, den Knecht und seine Familie zu versklaven, ohne dass er einen wirklichen Gewinn davon hätte. Er würde dadurch nur noch mehr Leid produzieren, aber daran hat er kein Interesse. Stattdessen ist er gnädig und sorgt dafür, dass der Knecht und seine Familie eine Zukunft haben und leben können. Es ist selbstverständlich, dass ein solches menschenfreundliches Bild von Gott geradezu herausfordert, genauso zu handeln.

- **In welchen Bereichen Ihres Lebens fühlen Sie sich unfrei? Wo haben Sie besonders deutlich gespürt, dass Ihr Leben von Gottes Gnade abhängig ist?**

Wer den bisherigen Zusammenhang begriffen hat, dem fällt es nicht schwer, alle weiteren Konsequenzen zu erfassen, die dieses Gleichnis in sich trägt: Die üblichen Regeln gelten nach der Meinung von Jesus nicht. Wer sich gegen andere Menschen auf Rechtsstandpunkte berufen will, ist wie der undankbare Knecht, dem gerade eine ungeheure Summe vergeben wurde und trotzdem die wenigen hundert Euro eintreibt, kaum dass er den Thronsaal verlassen hat. Die himmelschreiende Ungerechtigkeit, die jeden Leser sofort empört, findet täglich tausendfach statt. Dieser Logik folgte zum Beispiel der Ausschluss von Menschen aus dem öffentlichen Leben und ihre Verunglimpfung, weil sie sich nicht gegen das Coronavirus impfen lassen wollten. Nur wenige Monate vorher wäre das ganz und gar unmöglich gewesen. Trotzdem wurde innerhalb weniger Wochen das Betretungsverbot für Ungeimpfte, das man mit Abkürzungen wie „2G" und „3G" verschleierte, für die meisten Menschen so selbstverständlich, dass man sich die Ungeheuerlichkeit und Unmenschlichkeit gar nicht mehr recht vor Augen führte. Man glaubte, man habe jedes Recht dazu, weil diese Menschen sich unsolidarisch und unfair verhalten. Man hatte kein Problem damit, weil man selbst ja moralisch „auf der richtigen Seite" stand.

Jesus wollte mit dieser Logik brechen. Er sagte: Niemand hat das Recht, sich über den anderen zu erheben. Niemand hat Grund, sich für moralisch besser zu halten als andere, denn vor Gott stehen wir alle gleich schlecht da. Niemand kann von sich behaupten, immer alles richtig zu machen. Jeder Mensch ist verwoben und verstrickt in die Not dieser Welt und auf Vergebung angewiesen. Deshalb haben wir auch keine Rechte, die wir gegeneinander geltend machen könnten.

Für Jesus war Vergebung die Lebensgrundlage und Basis jeder zwischenmenschlichen Beziehung. Wie ernst es ihm damit war, zeigt unser Gleichnis. Es zeichnet sofort das Gegenbild des grausamen Königs, sobald der Knecht auf sein Recht gegenüber seinem Mitknecht pocht. Das ist eigentlich keine Drohung, sondern eine Konsequenz, die aus der fatalen Logik der moralisierenden Rechthaberei erwächst. Wer auf das Gesetzbuch, die Regeln und Ordnungen pocht, wird unweigerlich in den Sog der eigenen Unzulänglichkeiten gezogen. Er verstrickt sich in die Widersprüchlichkeit zwischen der vermeintlichen Verkommenheit der anderen und der behaupteten eigenen moralischen Reinheit. Man braucht eine Menge Verdrängungspotential und argumentative Kniffe, um diese Illusion aufrechtzuerhalten. Es ist ein großes Unglück, dass die meisten Menschen dennoch glauben, „richtig“ zu sein gegenüber den anderen, die „falsch“ sind und ihre eigene Schuld gar nicht sehen.

Ein Beispiel: Ich hatte eine Meinungsverschiedenheit mit einem Kollegen. Er warf mir vor, ich sei unehrlich und im gleichen Satz schob er nach: „Du hast eine interessante Vorstellung von Ethik.“ Ungeachtet der Tatsache, dass diese Bemerkung nur der moralischen Abwertung dient und kein sachliches Argument enthält, tat dieser Kollege selbst genau das, was er mir vorwarf. Er sprach euphemistisch von einer „interessanten Ethik“. Genaugenommen war das eine Lüge, denn er meinte eigentlich, dass meine ethischen Vorstellungen falsch und nicht akzeptabel seien. Er hat diesen Widerspruch gar nicht gemerkt und meinen Hinweis darauf natürlich nicht akzeptiert. Er blieb bei seiner Position, „richtig“ zu liegen, während ich moralisch „falsch“ lag.

- **Womit fühlen Sie sich wohler: „Auge um Auge und Zahn um Zahn“ oder „Halte auch die linke Wange hin“?**

Vergebung als Lebensprinzip ist auch aus „egoistischen“ oder „selbstsüchtigen“ Motiven sinnvoll: Beziehungen sind leider nie perfekt.

Immer gibt es Verletzungen, die man sich gegenseitig zufügt. Im ungünstigsten Fall trägt man dem anderen sein Fehlverhalten über Monate und Jahre nach. Wie Steine schleppt man die Wunden und Verletzungen der Seele mit sich herum und das Leben wird immer schwerer. Man kann sie aber loswerden, indem man sie ablegt. Nichts anderes meint Vergebung. Möglicherweise hilft der Gedanke, dass man selbst anderen Verletzungen zugefügt hat, die ebenfalls der Vergebung bedürfen. Es wäre ein erster Schritt zu einer Beziehung der Gnade, wenn man diese Verwundungen der Seele endlich loslassen würde. Man könnte die Beziehungen unbelasteter und freier leben. Wir leben von dem Guten, das wir aus unseren Beziehungen bekommen und von dem Guten, das wir in sie investieren.

Es liegt in der menschlichen Natur, sogar etwas Gutes wie eine Ethik der Vergebung in ihr Gegenteil zu verkehren, zu pervertieren und zum eigenen Vorteil zu missbrauchen. Jemand könnte die Vergebungsbereitschaft bewusst ausnutzen und die „naiven und leichtgläubigen" Christen übervorteilen, weil er weiß, dass sie keinen Widerstand leisten. Er hat schlicht keine negativen Konsequenzen für sein parasitäres Verhalten zu fürchten. Diese Gefahr ist nicht auszuschließen und es gibt keine allgemeingültige Antwort auf die Frage, wie man darauf reagieren soll. Ein Lebensstil der Vergebung ist eine sehr persönliche Entscheidung, die nicht verallgemeinert und als gesellschaftliches Grundprinzip eingeführt werden kann – dann wird es wieder zu einem Gesetz, das den Menschen moralisch in den „Schwitzkasten" zwingt.

- **Muss man alles ertragen, was einem andere antun? Gibt es praktische Grenzen der Vergebung?**

Hier ist Platz für Ihre eigenen Notizen.

6 Vom reichen Kornbauern

Lukas 12,16-21

- **Wie zufrieden sind Sie mit Ihrem Gehalt?**

16 Und er sagte ihnen ein Gleichnis und sprach: Es war ein
reicher Mensch, dessen Land hatte gut getragen. 17 Und er
dachte bei sich selbst und sprach: Was soll ich tun? Ich habe
nichts, wohin ich meine Früchte sammle. 18 Und sprach: Das
will ich tun: Ich will meine Scheunen abbrechen und größere
bauen und will darin sammeln all mein Korn und meine Güter
19 und will sagen zu meiner Seele: Liebe Seele, du hast einen
großen Vorrat für viele Jahre; habe nun Ruhe, iss, trink und
habe guten Mut! 20 Aber Gott sprach zu ihm: Du Narr! Diese
Nacht wird man deine Seele von dir fordern. Und wem wird
dann gehören, was du bereitet hast? 21 So geht es dem, der sich
Schätze sammelt und ist nicht reich bei Gott.

Normalerweise beschreibt Jesus in den Gleichnissen, wie er das Verhältnis zwischen Gott und Mensch sieht. Üblicherweise geht er von einer alltäglichen Situation aus, die sich bis hin zum Undenkbaren steigert. Jesus will damit sagen: Wenn Gott in unser Leben kommt, kann es zunächst den Anschein von Normalität haben, aber nach einer Weile stellt sich heraus, dass Gott ganz anders ist und unsagbar fremd. Er handelt nicht so, wie wir es von ihm erwarten. Gott ist erstaunlich, irritierend, fremdartig, verunsichernd aber auch liebevoll, warmherzig und gütig. In diesem Gleichnis steht etwas anderes im Vordergrund: Jesus stellt die weisheitliche Frage, wie man mit der Realität des Todes in seinem Leben umgehen soll.

- **Wie wird die Hauptfigur und die Umgebung beschrieben? Was erfahren wir über sie?**

Zunächst der Ort: Die Handlung spielt auf dem Land und nicht in der Stadt. Die meisten Menschen leben vom Ertrag des Landes. Auch dieser Mann gehört zu den 85% der Bevölkerung, die Feldwirtschaft betreiben. Es ist gerade Erntezeit. Diese Wochen sind besonders wichtig, weil sie das Überleben des Volkes für die nächsten Monate sichern. Wenn die Ernte misslingt – und die Ernte ist durch viele Einflüsse wie Krieg, Wetter oder Ungeziefer bedroht – sind Leid, Elend und Armut die Folge. Deshalb feiert man, wenn die Ernte unbeschadet eingebracht werden konnte. Erntefeste sind Feste des Lebens. Das ist der Grund, dass Jesus oft das Thema Ernte zur Grundlage für die Gleichnisse wählt; auch hier. Das Land eines Kornbauers hatte gut getragen.

Normalerweise geht Jesus sehr sparsam mit Adjektiven um. Hier benutzt Jesus das Wort „reich", um die Stellung dieses Mannes zu betonen: Er gehört zur Oberschicht. Das wird nicht nur direkt durch das Adjektiv, sondern auch indirekt noch einmal hervorgehoben: Der Kornbauer besitzt mehrere Scheunen. In Palästina besaßen nur wohlhabende Bauern Scheunen – und davon auch nur eine, in der alle Güter Platz hatten. Dieser Mann hat aber mehrere Scheunen. Er ist also schon so reich, dass er sich eigentlich über nichts Sorgen machen muss. (Das griechische Wort für Scheune heißt übrigens „Apotheke" – die Apotheken sind also Scheunen für Medizin, Tabletten und Salben.)

Man darf sich diesen Mann also nicht als einfachen Bauern vorstellen. Er beackert nicht selbstständig ein kleines Feld, um am Abend in seine Hütte im Dorf zurückzukehren, sondern Er besitzt viele Ländereien mit Arbeitern und Verwaltern, die für ihn tätig sind. Er lebt auf einem Gutshof mit vielen Bediensteten.

Nun gibt es eine besondere Situation: Das Land hat besonders gut getragen. Im Selbstgespräch erfahren wir, dass die Ernte nicht nur überdurchschnittlich ausgefallen ist, sondern rekordverdächtig gut.

Üblicherweise ist man gegen diesen Kornbauern negativ eingestellt. In der Auslegung wird er meist als habgierig, geizig oder raffgierig dargestellt, der den Hals nicht vollkriegen kann. Man sollte aber sehr vorsichtig sein mit Negativfiguren, zu denen der Kornbauer zweifellos gehört, denn Jesus will an ihr etwas deutlich machen, worauf man als Hörer achten sollte. Man braucht den Kornbauern nicht schlechter machen, als er ist. Es könnte passieren, dass einem dadurch wichtige Aussagen des Gleichnisses entgehen.

Die meisten Menschen sind durch Betrug und Ausbeutung reich geworden. Wenn sie einmal reich sind, ist es nicht mehr schwer, noch reicher zu werden. Die Rekordernte kommt aber buchstäblich „von oben". Der Kornbauer hat überhaupt keinen Einfluss darauf. In diesem Gleichnis ist also die Frage nach der Herkunft des Reichtums und der damit verbundenen Ungerechtigkeit kein Thema.

In einem weiteren Vorurteil unterstellt man dem Kornbauern unlautere Motive, die aber gar nicht im Text stehen. Hier ist nirgends davon zu lesen, dass der Mann seine Angestellten schlecht behandelt oder seine Abgaben an den Tempel nicht pünktlich und in voller Höhe zahlt. Es wird nur festgestellt, dass sich eine Rekordernte abzeichnet und er sich Gedanken darüber macht, wie man damit umgeht. Das ist zunächst sehr sinnvoll und jeder andere würde an seiner Stelle die gleichen Überlegungen anstellen. Es wäre angesichts der permanenten Bedrohung der Ernte sogar fahrlässig, sich keine Gedanken darüber zu machen, was aus diesem Überfluss werden soll.

- **Ist Ihnen je unerwartet Geld zugeflossen? Was haben Sie damit gemacht?**

Bis heute gibt es ähnliche Situationen wie sie dem Kornbauer widerfahren: Ein Abteilungsleiter, der ohnehin schon gut verdient, bekommt eine Gehaltserhöhung oder jemand, der in Aktien investiert hat, verdoppelt sein eingesetztes Kapital. Es könnte sein, dass jemand eine Erbschaft bekommt, mit der er nicht gerechnet hat. Das sind alles unerwartete Gewinne oder Erträge, die „von oben" sind und jeder würde sich Gedanken darüber machen, was mit dem Reichtum anzufangen ist.

- **Wie beurteilen Sie die Gedanken des reichen Kornbauern? Wie würden Sie handeln?**

Auch in diesem Gleichnis gibt es ein Selbstgespräch. Der Monolog ist ein rhetorisches Mittel, mit dem man einem Menschen näherkommt als irgend sonst. Der Leser taucht in die innere Welt des Protagonisten ein und hat Anteil an dem, was er in seinem Innersten denkt und fühlt. Der Leser „belauscht" ihn und lernt ihn dadurch ganz ungeschminkt und ohne jeden Filter kennen. Da gibt es keine Fassade der Höflichkeit oder Zurückhaltung, die man nach außen aufrechterhält. Hier zeigt sich der wahre Charakter und offenbaren sich die wahren Motive eines Menschen. Dieses Stilmittel wird nur dort eingesetzt, wo die Gedanken entscheidend sind für das weitere Leben. So war es zum Beispiel im Gleichnis vom verlorenen Sohn, der in einem Selbstgespräch zur entscheidenden Erkenntnis kommt, dass er zu seinem Vater zurückkehren muss, wenn er aus seinem Elend herausfinden will.

Hier beginnt das Selbstgespräch mit der Frage, was er mit dem unerwarteten Ertrag anfangen soll. Sein Plan, die Scheunen abzureißen, um größere zu bauen, sind absolut vernünftig. Er kann die Ernte nicht verderben lassen. Das wäre verantwortungslos. Schließlich ist der große Ertrag ein Segen Gottes. Man könnte sich an Josef, den Sohn des Erzvaters Jakob erinnert fühlen. Er sammelt in sieben aufeinanderfolgenden ertragreichen Jahren den Weizen in Speichern, damit in den vorhergesagten mageren sieben Jahren genug Vorrat da ist. In einer Gesellschaft des permanenten Mangels verschwendet man keinen Weizen – auch nicht in besonders ertragreichen Jahren.

Nicht nur damals, sondern auch heute würde jeder genauso handeln: Wenn man unerwartet in einem Preisausschreiben gewinnt, überlegt man, was mit dem Geld anzufangen ist. Legt man das Geld an der Börse an oder lässt es auf einem Girokonto? Kauft man sich ein teures Auto oder ein Haus? Macht man eine Weltreise oder spendet einen Teil an eine Hilfsorganisation?

- **Was finden Sie an diesem Gleichnis merkwürdig oder irritierend?**

Nachdem der reiche Kornbauer sich einen Plan für seine Rekordernte zurechtgelegt hat, schlussfolgert er daraus, dass er sich ein gutes Leben machen kann. Nun hat er Vorräte für viele Jahre. Er kann endlich inneren Frieden finden und fröhlich sein.

Diese Worte implizieren, dass er vorher *keinen* inneren Frieden hatte und *nicht* glücklich war, obwohl er zur Oberschicht gehört. Er hat schon volle Scheunen, sonst müsste er sie nicht abreißen, um noch größere zu bauen, die auch den neuen Wohlstand noch fassen können. Da fragt man sich, wieso er in der Vergangenheit nicht fröhlich sein konnte. Er besitzt doch schon viel mehr als 95% der restlichen Bevölkerung. Trotzdem ist das alles nicht genug. Er hat das Gefühl, dass sein Lebensstandard immer noch gefährdet ist. Deshalb verlagert er sein Glück in eine paradiesische Zukunft, die aber nur in seiner Vorstellung existiert und nie eintreten wird. Er stellt sich vor, dass diese Rekordernte endlich das ersehnte Glück schenken werde, aber Jesus macht sofort klar, dass das eine Illusion ist. Lebensglück entsteht nicht durch immer größere Sicherheiten, sondern durch Vertrauen auf Gott.

Das ist ein Problem, das viele Menschen heute auch haben. Man kann häufig solche Sätze hören: „Wenn ich erst das Studium hinter mir habe und gut verdiene, dann wird alles besser." oder „Wenn ich erst in Rente gehe, dann mache ich die Weltreise, von der ich immer schon geträumt habe." Es ist ein großer Irrtum, dass das Gute in der Zukunft liegt. Das ist der Grund, dass man gar nicht lebt, sondern immer nur diese Zukunft vorbereitet und sich für etwas abrackert, das vielleicht nie eintreten wird. Nichts ist unsicherer als die Zukunft. Sie erscheint einem aus der Ferne wie eine golden glänzende Stadt, aber wenn man dort ankommt, entpuppt sie sich als Fata Morgana und man steht zwischen den gleichen Ruinen wie vorher.

- **Haben Sie sich von Ihrer Zukunft je „das Paradies" erhofft? Was ist daraus geworden?**

In unserer Gesellschaft ist das Sicherheitsdenken zentral. Wir sichern uns gegen alle Eventualitäten ab. Selbst die Versicherungen sind gegen zu große Schadenssummen wieder rückversichert. Schon in jungen Jahren muss man sich Gedanken über Rentenvorsorge und Vermögensaufbau machen. Man strebt nach Geld, weil es Sicherheit verspricht. Man versucht damit seiner Angst beizukommen, keinen Platz in dieser Welt zu haben. Es ist kein Zufall, dass die Verben „sammeln" und „anhäufen" gleich dreimal in diesem Gleichnis auftauchen. Es liegt in der Natur des Menschen als Reaktion auf seinen unsicheren Platz in der Welt zu horten und anzuhäufen. Die zusammengesparten und manchmal zusammengerafften Güter sollen unsere Ängste besänftigen und unsere Existenz sichern. Reichtum verspricht ein ruhiges, friedliches und auskömmliches Leben. Er verspricht auch Freiheit und Unabhängigkeit. Doch aller Vorrat ist vergänglich, vorläufig und selbst wieder gefährdet, wie man bei der Geschichte von Hiob im Alten Testament nachlesen kann. Er verliert seinen ganzen Reichtum durch

Unglücke, die ihm widerfahren und sitzt schließlich krank auf einem Aschehügel, um das Jucken und Brennen seiner Geschwüre mit der Asche zu lindern. Da sind wir beim erschreckend deutlichen Irritationspunkt unseres Gleichnisses: Der reiche Mann hat eigentlich nichts falsch gemacht. Trotzdem spricht Gott ihn unvermittelt an mit den Worten: „Du Narr!", was man in heutiger Sprache übersetzen könnte mit: „Du Spinner!" oder „Du Idiot!"

- **Der reiche Kornbauer hat nichts falsch gemacht. Warum wird er trotzdem als Narr bezeichnet?**

Es ist eine rüde und unhöfliche Anrede, die Gott gegenüber dem Kornbauern wählt. Ganz unvermittelt ist die Stimme da und kündigt ihm sein Ende an. Diese Anrede muss man richtig einordnen: Der Mann ist reiches Oberhaupt eines großen Haushalts. Er wird sonst immer nur höflich angeredet und respektvoll behandelt. Normalerweise macht ihn niemand auf die blinden Flecken in seiner Persönlichkeit oder Fehler in seinem Denken aufmerksam. Aber auch für einen Menschen in seiner Stellung kann es heilsam sein, ab und zu hinterfragt und kritisiert zu werden. Einer armen Witwe oder Tagelöhner würde Gott ganz anders begegnen, denn sie sind im Gegensatz zum Kornbauern jeden Tag mit ihrer eigenen Unzulänglichkeit und ihren Grenzen konfrontiert.

Diese Anrede zeigt aber auch etwas über Gott: Er ist nicht so, wie wir ihn uns denken. Wir haben meist Sätze im Kopf wie „Fürchte dich nicht!" Sie stimmen auch und zeigen, dass Gott sich uns zuwendet. Hier wird eine harte und strenge Seite von Gott sichtbar, die wir am liebsten vergessen würden. Auch die Menschen, die gar nicht (mehr) an Gott glauben haben dieses einseitige Bild. Sie wollen Gott „einen guten Mann sein lassen" und glauben genau zu wissen, wie Gott ist, nämlich harmlos und weichgespült. Sie irren sich. Gott ist ganz anders als wir glauben. Er ist uns fremd. Das wird uns aber erst bewusst, wenn er sich wie hier in diesem Gleichnis plötzlich und unvermittelt in das Leben einschaltet. Wenige Worte reichen, um es gehörig durcheinanderzubringen. Hier ist es ein einziger Satz, der alle Pläne dieses Mannes über den Haufen wirft: „Diese Nacht wird man deine Seele von dir fordern!" (Vers 20) Ein einziger Satz entlarvt unsere Illusionen und offenbart die Wahrheit: Das Leben gehört uns nicht. Wir können darüber nicht verfügen. Es ist nicht unser Eigentum, sondern ein Geschenk. Fordern bedeutet hier *zurück*fordern. Es ist wie ein Auto oder ein Darlehen, das jetzt zurückgegeben werden muss. So ist hier die Vorstellung vom Leben und die hat der reiche Mann, obwohl er Israelit ist, überhaupt nicht im Blick. Er redet und handelt so, als gäbe es Gott gar nicht. Als Israelit glaubt er wie jeder Mensch in seiner Umgebung an Gott – aber nur in der Theorie. Praktisch handelt er wie ein Atheist. Er verwechselt das „Lebensmittel" mit dem Leben selbst. Die Güter, der Reichtum, die ganzen Titel und Auszeichnungen, die man im Laufe seines Lebens ansammelt, bedeuten gar nichts. Man kann zwar im Einzelnen alles richtig machen, aber im Großen dieser Lebenslüge aufsitzen. Man kann jeden Sonntag in die Kirche gehen und sich berührt fühlen von der göttlichen Liturgie eines Gottesdienstes, aber gar nicht mit Gottes Wirksamkeit in seinem Leben rechnen. Hätte der reiche Kornbauer die Endlichkeit und Vorläufigkeit seines Lebens im Blick gehabt, hätte er wahrscheinlich anders gelebt und mit der Rekordernte anders gehandelt. Hätte er ganz praktisch an Gott geglaubt, wäre er vielleicht auf den Gedanken gekommen, dass dieser unerwartete Reichtum „von oben" gar nicht für ihn bestimmt ist.

Der Autor Paulo Coelho hat das einmal treffend auf den Punkt gebracht: *„Sie denken immer verkehrt herum: Sie wollen schnell erwachsen werden und sehnen sich später nach der verlorenen Kindheit. Um Geld zu verdienen, setzen sie ihre Gesundheit aufs Spiel, und geben später viel Geld aus, um wieder gesund zu werden. - Sie denken so sehr an die Zukunft, dass sie die Gegenwart vernachlässigen. Und am Ende erleben sie weder die Gegenwart noch die Zukunft. - Sie leben so, als* *würden sie nie sterben, und sterben, als hätten sie nie gelebt."*

Das ist die Aussage dieses Gleichnisses, die eigentlich in der weisheitlichen Literatur vorkommt: Memento mori! Bedenke, dass du sterblich bist! Das einzig Reale und Unvermeidliche und zugleich Mysteriöse und Geheimnisvolle des Lebens ist der Tod.

- **Waren Sie schon auf einer Beerdigung? Was wurde da gesagt? Wie haben Sie in diesem Moment über Ihr eigenes Leben gedacht?**

Und dann endet das Gleichnis mit einer Frage: Wem wird gehören, was du angehäuft hast?" Sie wird nicht mehr beantwortet. Wieder einmal richtet sich der Blick auf den Leser. Er soll sich diese Frage selbst stellen und eine Antwort für sich finden: Wer bist du ohne das Materielle, deine Güter, deine Titel und Auszeichnungen? Was bleibt dann von dir übrig? Es ist die Frage nach dem Haben oder Sein, die jeder ganz persönlich beantworten muss. Auf sie gibt es keine allgemeingültige Antwort. Sie ist auch nicht leicht zu beantworten: Wer bist du, wenn man alles Äußerliche abzieht? In den angehäuften Schätzen, so kommentiert Jesus sein eigenes Gleichnis, sitzen die Illusionen und Lebenslügen. Man setzt so viel Energie und Arbeit, Zeit und Aufwand in Dinge, die nichts bedeuten und unserem Leben weder Sinn noch Tiefe hinzufügen können. Erst wenn man sich in seiner Beziehung zu Gott erkennt, ist man wirklich reich. Denn dann erfährt man, wer man wirklich ist.

- **Überlegen Sie sich einen Schluss für das Gleichnis! Was tut der reiche Mann, nachdem er diese verheerende Nachricht erhalten hat?**

Hier ist Platz für Ihre eigenen Notizen.

7 Vom Unkraut unter dem Weizen

Matthäus 13,24-30

- **Bauen Sie Obst und Gemüse in Ihrem Garten an? Warum machen Sie sich die Arbeit, wenn man alles billig kaufen kann?**

24 Er legte ihnen ein anderes Gleichnis vor und sprach: Das
Himmelreich gleicht einem Menschen, der guten Samen auf
seinen Acker säte. 25 Als aber die Leute schliefen, kam sein
Feind und säte Unkraut zwischen den Weizen und ging davon.
26 Als nun die Halme wuchsen und Frucht brachten, da fand
sich auch das Unkraut. 27 Da traten die Knechte des Hausherrn
hinzu und sprachen zu ihm: Herr, hast du nicht guten Samen
auf deinen Acker gesät? Woher hat er denn das Unkraut? 28 Er
sprach zu ihnen: Das hat ein Feind getan. Da sprachen die
Knechte: Willst du also, dass wir hingehen und es ausjäten? 29
Er sprach: Nein, auf dass ihr nicht zugleich den Weizen mit
ausrauft, wenn ihr das Unkraut ausjätet. 30 Lasst beides
miteinander wachsen bis zur Ernte; und um die Erntezeit will
ich zu den Schnittern sagen: Sammelt zuerst das Unkraut und
bindet es in Bündel, damit man es verbrenne; aber den Weizen
sammelt in meine Scheune.

Zur Zeit von Jesus war die Aussaat wie die Ernte fast eine heilige Handlung: Ohne Saat keine Ernte. Ohne Ernte kein Leben. Diesen Zusammenhang haben die Menschen damals viel unmittelbarer erlebt als wir heute. Die meisten Menschen lebten von dem, was sie auf ihrem Acker anbauten. Sie konnten zuschauen, wie die ersten grünen Halme aus der Erde hervorbrachen, um schließlich zum goldgelben Weizen zu reifen. Wir können das heute nicht mehr, sondern kaufen im Supermarkt ein, was wir zum Leben brauchen. Selbst Landwirte bauen nicht für sich selbst an, sondern verkaufen den größten Teil dessen, was sie produzieren. Aber heute gilt immer noch wie damals: Ohne Aussaat gibt es keine Ernte. Damals hatte man für diesen wichtigen Zusammenhang ein gutes Gespür. Großbauern haben das Saatgut auf ihren Feldern eigenhändig ausgebracht, statt es ihren Sklaven und Tagelöhnern zu überlassen. Sie gingen mit einem Umhängebeutel über den Acker und streuten mit geübter Handbewegung die Samenkörner gleichmäßig aus. Saatgut war wertvoll. Es durfte nicht zu viel auf eine Stelle fallen, dann würden die Pflanzen später zu dicht stehen. Es durfte auch nicht zu wenig sein, denn sonst würde das Getreide später nur spärlich wachsen und der Boden würde nicht optimal ausgenutzt. Man brauchte viel Fingerspitzengefühl dafür. Außerdem hing von der Aussaat die Zukunft der Sippe ab. Deshalb übernahmen diese verantwortungsvolle Aufgabe selbst Großbauern höchstpersönlich.

Der Bauer in unserem Gleichnis sät *gutes* Saatgut aus. Das ist ein Signalwort: gut. Heute ist gutes Saatgut keine Besonderheit mehr. Damals war das anders. Zunächst drosch man mit Flegeln auf den abgemähten Weizen, damit die Weizenkörner herausfallen. Übrig blieb das Stroh und die Weizenkörner, die immer noch mit feinen Halmen vermischt war. Um beides voneinander zu trennen, warf man die Körper mit Schaufeln in die Luft. Die feine und leichte Spreu flog im Wind davon, während die Weizenkörner wieder nach unten fielen. Durch dieses Worfeln und Sieben konnte man die Unkrautsamen nicht so gut von den Getreidesamen trennen. Je nachdem, wieviel Arbeit und Zeit man sich dafür genommen hat, war die Qualität des Saatguts besser oder schlechter. Der Bauer, der in unserem Gleichnis über das Feld geht, hat gutes Saatgut. Das bedeutet: Alle Voraussetzungen sind da, um gutes Getreide hervorzubringen und eine gute Ernte zu haben.

Das zweite: Der Bauer sät Weizen. Dieses Getreide war das

Grundnahrungsmittel aller Menschen im Vorderen Orient. Wir kennen heute weitere Grundnahrungsmittel: Reis, Mais und Kartoffeln. Das ist ein großer Fortschritt, weil diese Vielfalt mehr Lebensqualität bietet und Ausweichmöglichkeiten, falls eines dieser Lebensmittel ausfällt. Diesen Luxus hatten die Menschen damals nicht. Sie hatten als einziges Grundnahrungsmittel den Weizen. Alle anderen waren ihnen unbekannt. Wenn die Weizenernte schlecht ausfiel, mussten sie hungern. Ein prominentes Beispiel ist die Josefsgeschichte im Alten Testament. Im 1. Buch Mose ab Kapitel 37 wird dargestellt, wie das ganze Land hungern musste, weil in mehreren Jahren hintereinander die Weizenernte schlecht ausfiel. Unser Gleichnis leitet mit einer Handlung ein, die unverzichtbare Grundlage für das Leben ist: Das Aussäen guten Samens auf fruchtbares Land.

- **Wofür stehen Ihrer Meinung nach der Sämann, die Feldarbeiter und der Feind? Welche symbolische Bedeutung schreiben Sie den jeweiligen Figuren zu?**

Es fällt auf, dass Jesus mit der Beschreibung der Charaktere sehr zurückhaltend ist. Über den Feind wird gar nichts gesagt, nur die Tatsache, dass er ein Feind ist. Ansonsten bleibt er völlig anonym und alle Versuche, ihn mit Andersgläubigen, dem Teufel oder sonstigen „Bösewichtern“ zu identifizieren, sind reine Spekulation. Entscheidend ist nicht, wer er ist. Entscheidend ist, was er tut. Er begeht „Saatfrevel“. Der galt als besonders boshafte Gemeinheit, denn er gefährdete die ohnehin ständig bedrohte Ernte. Krieg, Ungeziefer, Unwetter konnten das Korn zerstören. Da darf niemand absichtlich die Ernte durch Unkrautsamen schmälern. Wer dabei erwischt wurde, musste mit härtesten Strafen rechnen, denn durch den Saatfrevel war das Leben einer ganzen Sippe bedroht. Trotzdem kam es immer wieder vor. Saatfrevel stellte keine Seltenheit dar. Das kann man auch im Gleichnis daran erkennen, dass der Umstand nicht näher erläutert wird. Offenbar wussten die Hörer sofort, was der Feind macht und wie diese Tat zu bewerten ist. Hier gelingt es dem Täter, unerkannt zu entkommen.

Der Feind sät als Unkraut Taumellolch unter den Weizen. Auch das muss nicht näher erklärt werden, weil das für jeden Hörer damals selbstverständlich war. Wenn die ersten grünen Halme aus dem Ackerboden hervorbrechen, sieht er genauso aus wie der Weizen. Erst nach einiger Zeit beginnt er sich im Wachstum zu unterscheiden: Er hat schmälere Blätter und wurde ausgejätet, wenn man ihn bemerkte. Das Problem: Am Taumellolch setzt sich fast immer ein giftiger Pilz an die Ähre, und wenn der ins Mehl kommt, schmeckt es bitter. Man bekommt Schwindelanfälle, torkelt und taumelt umher. Daher kommt der Name „Taumellolch". Das Gift dieses Pilzes kann in seltenen Fällen sogar zum Tod führen. Der Taumellolch bleibt während der gesamten Wachstumszeit bis zur Reife dem Weizen in Form und Aussehen sehr ähnlich. Es besteht immer Verwechslungsgefahr. Man braucht viel Erfahrung, um ihn zu erkennen. Es kommt vor, dass man ungewollt auch Weizenhalme ausjätet.

- **Warum sät der Feind das Unkraut unter den Weizen? Wie könnte man diese Tat a) christlich und b) gesellschaftlich deuten?**

Bisher wurde erzählt, was in der Vergangenheit passiert ist und nur die Leser wissen davon. Die Protagonisten im Gleichnis, also die Feldarbeiter und der Großbauer bemerken erst jetzt, dass etwas nicht stimmt. Bauer und Feldarbeiter treten in einen Dialog und wiederholen zunächst, was wir als Leser sowieso schon wissen. Besonderes Gewicht liegt aber auf der Erkenntnis, dass da viel mehr Unkraut ist, als eigentlich sein dürfte. Diese scheinbar unnötige Wiederholung zeigt das Erschrecken und die Irritation der Feldarbeiter. Sie fragen extra noch einmal ihren Herren, um sich zu vergewissern: „Hast du nicht guten Samen gesät?“ (Vers 27) Es ist absolut unverständlich und nicht normal, warum so viel Unkraut auf dem Feld wächst.

Der Bauer schlussfolgert sofort: „Das hat ein Feind getan.“ (Vers 28) Es ist klar, dass so viel Unkraut nicht natürlichen Ursprungs sein kann. Die Voraussetzungen waren so gut, dass eigentlich nur dieser eine Schluss übrigbleibt: Es muss jemand „nachgeholfen“ haben. Wer das gewesen ist, bleibt unbestimmt. Man weiß nur, dass er feindliche Absichten verfolgt, denn wer vorsätzlich die Ernte kaputtmachen will und dadurch das Leben bedroht, kann nur ein Feind sein. Der Bauer hat also nicht übernatürliches Wissen, sondern stellt das fest, was jeder andere nach kurzem Nachdenken auch herausgefunden hätte.

Christlich kann man so deuten, dass jeder Mensch beides in seinem Herzen trägt: Unkraut und Weizen. Es ist erschreckend, wie viel Unkraut dort wuchert, obwohl die Vorbedingungen sehr gut sind. Im Grunde ist die Frage der Feldarbeiter „Wo kommt das ganze Unkraut her?“ die Frage vieler Menschen: Warum ist die Welt voll von Elend, Missgunst und Leid? Sie müsste nicht so sein, denn die Voraussetzungen sind gar nicht so schlecht. Die Erde bietet genügend Lebensraum und Ressourcen, dass alle Menschen auf ihr gut leben könnten. Trotzdem ist es nicht so. Woran liegt das?

Aus christlicher Perspektive könnte man die Hoffnung haben, dass es wenigstens in der Gemeinde oder Kirche anders ist. Es gibt das christliche Ideal von Liebe, Wärme und Mitmenschlichkeit, aber in der Realität findet man viel Kälte, Streit und vielleicht am schlimmsten von allem: Gleichgültigkeit. Enttäuscht fragen dann manche Menschen wie die Feldarbeiter: Warum ist das so? Warum gibt es viel mehr Konflikte und Uneinigkeit als von den Voraussetzungen her zu erwarten wäre?

Es gibt eine Deutung, die recht weit verbreitet ist, vor der man sich aber hüten sollte. Der Feind wird mit dem Teufel identifiziert, obwohl nichts im Wortlaut des Gleichnisses darauf hindeutet und das Unkraut sind „Ungläubige“ oder „Andersgläubige“. Diese Deutung ist schon deshalb problematisch, weil nichts im Text diese These stützt. Sie ist willkürlich und unterstützt lediglich eine Abgrenzung, die dem Zusammenleben nicht förderlich ist. Man sucht alles Böse und Schlechte außerhalb der eigenen Gruppe, die zu den „Guten“ gehören und verlagert es nach außen. Die Christen sind also die „Guten“ und die Muslime, Hindus oder Buddhisten sind die „Bösen“, die unsere Kultur mit „dämonischen Einflüssen vergiften und verseuchen.“ Mit dieser Deutung braucht man überhaupt keine selbstkritische Haltung mehr. Die Gefahr ist sehr groß, dass man die eigene Unzulänglichkeit und Fehlerhaftigkeit einfach ausblendet. Es ist wichtig, seinen Blick für die eigenen Untiefen zu schärfen, damit man das Unkraut vom Weizen unterscheiden lernt.

Gesellschaftlich kann man so deuten, dass jeder Mensch irgendwann die Entdeckung der Feldarbeiter macht: Die Welt ist nicht so gut und gerecht, wie sie sein könnte. Meist im Teenageralter stellt man fest, dass die „Unkrautmenge“ nicht normal ist. Das Erschrecken der Feldarbeiter wird dadurch verstärkt, dass sie fragen: „Hast du nicht guten Samen auf deinen Acker gesät?“ Die Voraussetzungen waren so gut und trotzdem kommt ein so schlechtes Ergebnis heraus. Für unsere Welt gilt das Gleiche: Die Voraussetzungen sind heute so gut, wie sie noch nie waren. Aber das Ergebnis ist schlecht. Bis vor etwa 150 Jahren lebten wir in einer Mangelgesellschaft. Alle Erzeugnisse konnten nur aus biologischer Energie und reiner Muskelkraft hergestellt werden. Der Luxus von Überfluss und ausreichenden Nahrungsmitteln blieb nur einer verschwindend kleinen Minderheit vorbehalten. Es ging aufgrund der begrenzten technischen Möglichkeiten auch nicht anders. Seit etwa 150 Jahren nutzen wir aber nicht nur Biomasse als Energielieferant, sondern technische Hilfsmittel wie zum Beispiel die Dampfmaschine. Plötzlich stehen sehr viel größere Ressourcen zur Verfügung, um Lebensmittel und Gegenstände herzustellen, die das Leben leichter machen. Man brauchte keinen Esel mehr, der Lasten zum Markt schleppte, sondern hatte eine Eisenbahn mit dampfgetriebener Lokomotive. Diese Entwicklung hat dazu geführt, dass zum ersten Mal in der Menschheitsgeschichte keine Mangelgesellschaft mehr existieren muss. Mit Hilfe der maschinellen Landwirtschaft und dem technischen Fortschritt können wir Nahrung im Überfluss produzieren, der für alle Menschen auf der Welt ausreichen würde, ihnen ein auskömmliches Leben zu garantieren. Trotzdem haben wir es nicht. Stattdessen gibt es wenige Menschen, die unfassbaren Reichtum und Macht anhäufen, die keinem anderen Zweck dient, als den meisten anderen Menschen vorschreiben zu können, was sie tun und lassen sollen. Auf der anderen Seite gibt es massenhaft Elend und Leid, das nicht nötig wäre. Wer sich ernsthaft mit diesem Ungleichgewicht auseinandersetzt, kommt unweigerlich zu dem Schluss, dass das nicht mit natürlichen Ursachen erklärt werden kann.

- **Was kann man gegen das Böse in der Welt tun? Wie kann man sie friedlicher, gerechter, freundlicher, fröhlicher gestalten?**

Es gehört zu der Weisheit dieses Gleichnisses, dass es keine Angaben über den Feind macht, der das Unkraut aussät. Wir erfahren nichts über die Hintergründe oder Motive. Hierzu schweigt sich das Gleichnis aus, denn auf diese Frage gibt es keine Antwort.

Diese Weisheit der Zurückhaltung brauchen wir heute auch: Wir kennen die Ursachen für das Böse nicht. Wir wissen nicht, wo es herkommt. Es bleibt in der Anonymität der Nacht und kann nur allgemein und unbestimmt als „ein Feind“ beschrieben werden. Wir sehen die Konsequenzen, wenn das Unkraut mit dem guten Weizen heranreift. Was im Wurzelgeflecht unter der Erdoberfläche, also im Unsichtbaren geschieht, wissen wir nicht.

Wir wünschen uns die Welt einfach und überschaubar und

empfinden es als bedrohlich, wenn diese Klarheit ins Wanken gerät. Aber so ist die Welt nicht. Sie ist kompliziert und komplex. Es gibt auf viele Fragen keine schnellen und schon gar keine einfachen Antworten. Es wäre schön, wenn die Welt aus schwarz und weiß bestünde, aber sie enthält eigentlich nur Grautöne und selten die Extreme. Ein Neonazi kann uns menschlich trotz seiner Ansichten sehr sympathisch sein. Ein erfolgreicher Geschäftsmann, der von der Gesellschaft mit Auszeichnungen überhäuft worden ist, kann plötzlich als Hochstapler und Betrüger entlarvt werden. Niemand ist nur gut oder böse. Jeder trägt Anteile von beidem in sich. Wir sollten vorsichtig sein mit der Beurteilung und Verurteilung von Menschen oder Volksgruppen, weil sie unsere Werte nicht teilen. Das ist in den letzten Jahren leider wieder sehr in Mode gekommen. Es ist wie ein Reflex, einfache Antworten zu finden in einer Welt, die immer undurchschaubarer und verwirrender wird.

Was ist die Alternative dazu? Aufeinander eingehen, einander zuhören und versuchen sich gegenseitig zu verstehen. Die Antwort klingt zwar banal, ist aber im Konfliktfall schwer umzusetzen: Miteinander reden und um Verständnis ringen ist nicht leicht, wenn man sehr unterschiedliche Meinungen hat. Schnell geht man „unter die Gürtellinie“, wird persönlich oder fühlt sich selbst persönlich angegriffen. Dann gibt es Verletzungen, die dazu führen, dass man sich noch weniger versteht als vorher.

- **Warum sollen die Knechte das Unkraut stehen lassen?**

Nach der Entdeckung des vielen Unkrauts fragen die Feldarbeiter ihren Herrn von sich aus: „Willst du also, dass wir hingehen und es ausjäten?“ (Vers 28) Zwischen den Zeilen kommt hier das Verhältnis zwischen dem Bauern und seinen Feldarbeitern zum Vorschein: Die Knechte sind gute Leute, und sie meinen es gut. Sie stehen freundschaftlich zu ihrem Herrn, sonst würden sie nicht von sich aus dieses Angebot machen, das mit viel Mehrarbeit verbunden ist.

In der Frage der Feldarbeiter steckt mehr Sprengstoff, als auf den ersten Blick ersichtlich ist. Man könnte sie in die heutige Zeit aktualisieren: „Willst du, dass wir jetzt einen Kreuzzug gegen das Böse machen?“ Immer wieder hat man versucht, das Böse zu identifizieren und auszumerzen. Im Krieg ist es das normale Schema, von den Guten zu sprechen, die *den* Bösen oder *das* Böse mit einem gerechten Krieg ausmerzen wollen. Aber der Herr lehnt das ab. Sie sollen das Unkraut stehen lassen und das ist eine folgenschwere Entscheidung, die absolut gegen unsere sonst übliche gesellschaftliche Handlungsweise geht. Diese Antwort ist überraschend. Sie ist das „zündende Element“ in diesem Gleichnis. Für die Hörer ist es genauso überraschend, denn schon damals wurde das Unkraut während der Wachstums- und Reifungsphase ausgejätet. Es war untypisch, alles einfach miteinander wachsen zu lassen. Mit so einer Zurückhaltung haben die Feldarbeiter nicht gerechnet – und für diese Zurückhaltung will uns dieses Gleichnis gewinnen.

Jesus sieht hier eine Neigung, die im Menschen ganz tief drinsteckt. Die Menschen denken in Gruppen. Schon auf dem Schulhof entsteht eine Konkurrenz zwischen den willkürlich zusammengestellten Klassen einer Jahrgangsstufe. Es scheint ein Reflex im Menschen zu sein, sich abzugrenzen und zunächst alles, was ihm fremd ist, als bedrohlich einzustufen. Im Extremfall grenzt er sich von denen ab, die er als böse identifiziert hat und will sie ausmerzen. Um das zu erreichen, schreckt er auch vor Radikallösungen nicht zurück. In religiösen Kreisen hat man es damals an bestimmten Verhaltensweisen festgemacht: Man durfte kein Götzenopferfleisch essen und musste den Zehnten von allem im Tempel abgeben. Heute bezieht man Gut und Böse im Religiösen oft auf ethische Themen: Kein Sex vor der Ehe, keine Scheidung, keine lesbischen oder schwulen Beziehungen. Wir säubern „unsere christliche

Welt“ vom Unkraut, indem wir diejenigen ausschließen, die sich nicht an diese Regeln halten. Die gleiche Tendenz findet sich auch im gesellschaftlichen Umgang miteinander: Es gab genügend Leute, die sich in den Kopf gesetzt hatten, die Welt von den sogenannten „Ungeimpften“ und „Corona-Leugnern“ zu säubern. Das Motiv der Feldarbeiter ist absolut unterstützenswert – und das war auch das Ziel derer, die eine Impfpflicht gegen Corona forderten: Sie wollten die Welt besser und sicherer machen, das Übel bei der Wurzel packen und ausreißen („radikal“ kommt vom lateinischen Wort radicare und heißt übersetzt „Wurzeln schlagen“). Leider ist das noch nie auf diese Weise gelungen: Die Welt ist noch nie besser geworden, indem man „Kreuzzüge“ gegen das Böse führte. Im Gegenteil: Mit den besten Absichten brachten sie noch mehr Leid und Ungerechtigkeit hervor. Menschen können die Welt nicht vom Schmutz säubern, weil sie selbst schmutzig sind. Wenn sie es dennoch versuchen, werden sie ungewollt zum Helfer des Feindes, der in der Nacht heimlich sein boshaftes Werk verrichtet hat. Deshalb ruft unser Gleichnis zur Zurückhaltung auf und kein Mensch darf zu einem anderen sagen: „Du bist das Problem.“ Keine Menschengruppe darf zur anderen sagen: „Ihr seid das Problem.“ Das wäre nur der Auftakt zu noch größeren Grausamkeiten im Namen des Guten. Unser Gleichnis gebietet hier Einhalt und sagt: Der Mensch ist nicht besonders gut darin, das Gute von dem Bösen zu trennen, weil er selbst zu viel Böses in sich trägt.

- **Was hat dieses Gleichnis mit dem Himmelreich Gottes zu tun?**

Der Bauer erwartet die Lösung in der Zukunft: „Lasst beides miteinander wachsen“, sagt er. Aber nicht ewig, sondern bis zur Ernte. Da wird das, was man heute nicht entwirren kann, sortiert und geordnet. Die Ernte ist ein Bild für das Weltgericht – und das ist interessant, weil Ernte etwas Schönes ist. Sie stellt die Existenz der

Menschen sicher. Weltgericht ist in unserer Kultur eher negativ besetzt und mit Angst verbunden. In diesem Gleichnis ist es etwas durch und durch Positives: Im Weltgericht wird endgültig geklärt, was sich in der Welt nicht klären lässt. Die Ungerechtigkeit wird ans Tageslicht kommen und die Opfer erfahren Gerechtigkeit. Die Täter werden zur Rechenschaft gezogen. Das ist gerade die Sehnsucht, die Menschen dazu verführt, aus den besten Absichten heraus selbst zu Despoten zu werden und die schlimmsten Ungerechtigkeiten zu begehen. Aber das ist ein Irrweg, weil wir Menschen nicht besonders gut darin sind, Gerechtigkeit zu schaffen. Das Gleichnis rät zur Behutsamkeit und Zurückhaltung, denn es wird das Weltgericht geben, das diese Dinge klärt. Das ist ein schöner Ausblick, der zu Geduld und Toleranz aufruft. Aus der Hoffnung auf Klärung in der Zukunft können wir die Kompliziertheit dieser Welt mit ihrer Vermischung von Gut und Böse ertragen und lindernd eingreifen.

- **Tauschen Sie sich darüber aus, wo Sie sich mehr Gerechtigkeit in der Welt wünschen! Wie könnte sie erreicht werden?**

Hier ist Platz für Ihre eigenen Notizen.

8 Vom Schatz und der Perle

Matthäus 13,44-46

- **Was ist das Wertvollste, das Sie besitzen?**

44 Das Himmelreich gleicht einem Schatz, verborgen im Acker,
den ein Mensch fand und verbarg; und in seiner Freude geht er
hin und verkauft alles, was er hat, und kauft den Acker. 45
Wiederum gleicht das Himmelreich einem Kaufmann, der gute
Perlen suchte, 46 und da er eine kostbare Perle fand, ging er hin
und verkaufte alles, was er hatte, und kaufte sie.

Für den heutigen westlichen Leser klingt dieses Gleichnis sehr befremdlich, denn niemand findet „einfach so" einen Schatz. So etwas gibt es nur im Märchen oder der morgenländischen Geschichtensammlung „Tausendundeine Nacht". Das liegt daran, dass wir heute in einer Überflussgesellschaft leben. Wenn jemand seinen Sperrmüll an den Straßenrand stellt, um ihn abholen zu lassen, muss er aufpassen, dass über Nacht nicht noch mehr dazugestellt wird. Zur Zeit Jesu war das anders. Die Menschen lebten in einer Mangelgesellschaft. Das bedeutet, jeder Gegenstand und alle Nahrungsmittel waren wertvoll, weil es einfach nicht genug davon gab. Deshalb war Diebstahl ein großes Problem und schwerer Diebstahl an der Tagesordnung. Es kam nicht selten vor, dass marodierende Banden oder Soldaten die Dörfer überfielen und plünderten. Wer etwas von Wert besaß, konnte das nicht im Haus verstecken, denn dort wurde es mit Sicherheit gefunden. Die Soldaten waren Spezialisten auf diesem Gebiet: Sie durchwühlten den Boden, der nur aus festgestampftem Lehm bestand, klopften die Wände nach Hohlräumen ab und stachen mit ihren Schwertern in jeden Quadratzentimeter des Daches. Was sollte man mit dem Familienschatz tun? Banken und Tresore gab es nicht. Also vergrub man die Münzen irgendwo, meist auf dem eigenen Acker. Dort war er sicher vor Entdeckung.

Nun kam es vor, dass man die Stelle nicht genau genug markiert hatte und die vergrabenen Münzen im Tongefäß oder der Schatulle nicht wiederfand. Oder der Schatz geriet einfach in Vergessenheit, weil die Eltern überraschend starben und keine Gelegenheit mehr hatten, ihren Kindern davon zu erzählen. Deshalb war es zwar sehr selten, aber nicht völlig ausgeschlossen, einen Schatz zu finden.

Der Mann, der in unserem Gleichnis den Acker bearbeitet, ist Kleinpächter. Er kann kein Tagelöhner sein, weil Tagelöhner nicht genug Geld haben, um einen Acker kaufen zu können. Selbst wenn sie all ihre Habe zusammenkratzen, reicht ihr Besitz dafür bei weitem nicht aus. Ein Kleinpächter steht sozial über einem Tagelöhner. Er hat zwar keinen eigenen Acker, hat aber einen gepachtet, um ihn zu bearbeiten. Er ist zwar nicht reich, aber er ist auch nicht so arm wie ein Tagelöhner, der nur von einem Tag zum nächsten denken kann. Dieser Kleinpächter stolpert also zufällig über diesen vergessenen Schatz. Ihm ist klar, dass er den Tonkrug mit den Münzen nicht einfach nach Hause mitnehmen kann, denn das würde sofort Fragen aufwerfen: Wo hat er das ganze Geld her? Hat er womöglich jemanden bestohlen? Alles, was auf dem Acker gefunden wird, gehört rechtmäßig dem Besitzer. Deshalb lässt er den Schatz liegen und tut alles, um ihn in seinen Besitz zu bekommen.

- **Wofür würden Sie alles verkaufen, was Sie haben – oder zumindest einen substanziellen Teil Ihres Besitzes aufgeben?**

Man muss sich in den Kleinpächter hineinversetzen: Als er an diesem Morgen aufgewacht ist, wäre er nie bereit gewesen, alles zu verkaufen, was er besitzt. Er wäre nicht einmal auf diesen Gedanken gekommen. Jeder hängt an seinen Habseligkeiten und identifiziert sich mit ihnen, mögen sie auch noch so armselig sein. Sie gehören zur eigenen Existenz und gibt sie nicht ohne wichtigen Grund auf. Aber alles ändert sich in dem Moment, als der Kleinpächter den Schatz entdeckt. Es durchfährt ihn wie ein Blitz: Er weiß sofort, dass diese Entdeckung sein ganzes Leben ändert. Wenn er es richtig anstellt, wird aus seiner bisherigen Mangelexistenz Reichtum und Überfluss. Was vorher völlig undenkbar war, wird jetzt zur Voraussetzung, damit diese Veränderung eintreten kann. Es ist erstaunlich, wie berechnend er trotz seiner Entdeckung handelt. Er behält trotz des emotionalen Sturms, der zweifellos in ihm tobt, einen kühlen Kopf. Man kann sich vorstellen, dass er seine Ungeduld nur mühsam beherrschen kann, weil er so schnell wie möglich in den Besitz dieses Stücks Land kommen will. Es wäre ziemlich weltfremd und dumm, wenn er anders handeln und womöglich dem Besitzer des Grundstücks diesen Schatz überlassen würde. (Der Besitzer gehört nicht zu den Armen. Er muss recht wohlhabend sein, wenn er mindestens einen zweiten Acker hat, den er nicht selbst bewirtschaften muss, sondern an jemanden verpachten kann.) Hier geht es nicht um Moral oder Geld. Man sollte sich also nicht die Frage stellen, ob es richtig ist, den Besitzer „übers Ohr zu hauen". Es geht allein um den Vergleich, was in dieser Situation für diesen Menschen das naheliegende Verhalten ist – und das ist ganz klar: Alles verkaufen, um den Schatz zu bekommen.

- **Hatten Sie so eine Sternstunde, also eine Begebenheit, die Ihr Leben verändert hat? Sind Sie je über Gott „gestolpert"?**

Eine solche Sternstunde erlebt auch der Perlenkaufmann. Er gehört nicht zur Unterschicht wie der Kleinpächter, sondern zur Oberschicht. Er stolpert nicht zufällig über einen Schatz, sondern sucht nach schönen Perlen. Er ist Teil des Gleichnisses vom Schatz im Acker. Es handelt sich also um ein Doppelgleichnis. Man darf beide Episoden nicht auseinanderreißen. Sie sind aufeinander bezogen und erhalten ihren Sinn aus dem Vergleich miteinander.

- **Warum erzählt Jesus als Doppelgleichnis? Es hätte doch auch gereicht, nur vom Schatz im Acker zu reden.**

Dieses Doppelgleichnis hat mehrere Aussagen. Eine ist offensichtlich: Wenn man Gott begegnet, verändert sich alles. Was am Anfang des Tages unmöglich erschien, wird nach dieser Begegnung plötzlich möglich. Sie verändert das gesamte Leben und macht aus einer armen eine reiche Existenz. Die Beziehung zu Gott ist so wertvoll, dass man für sie alles andere mit Freuden eintauscht. Es gibt aber einen weiteren Aspekt: Gott ist genauso wenig offensichtlich wie ein Schatz. Der Kleinpächter entdeckt ihn zufällig. Er hat nicht gezielt nach ihm gesucht und er lag auch nicht für jeden sichtbar auf „offener Straße". Als er ihn entdeckt, weiß er sofort, dass das sein Leben grundlegend verändert und tut alles, um sich in seinen Besitz zu bringen. Vorher aber hat er keinen Gedanken daran verschwendet, dass es einen Schatz überhaupt gibt.

So ist es mit Gott auch: Man kann ihn nicht sehen, nicht anfassen oder gar seine Existenz beweisen. Er ist nicht einfach unsichtbar wie elektrischer Strom oder Luft, von denen man weiß, dass es sie gibt. Gott ist verborgen und kann ihn nicht mit technischen Instrumenten erfassen oder einer schlüssigen Argumentation herleiten. Man kann ihn weder unter dem Mikroskop sichtbar machen noch mit dem Radioteleskop oder einem Radargerät. Wer den qualitativen Unterschied zwischen unsichtbar und verborgen versteht, wird nicht länger behaupten können, dass nur das existiert, was mit unseren wissenschaftlichen und technischen Mitteln nachweisbar ist. Gott ist verborgen wie ein Schatz, bis man über ihn „stolpert". Dann weiß man, dass es ihn gibt, wird von ihm überwältigt – und alles ist anders als vorher.

- **Wie viel Geld würden Sie für eine echte Perle ausgeben?**

Dieses Doppelgleichnis zeigt auch: Jesus hat nicht nur den Blick für die Unterschicht, zu der der Kleinpächter gehört. Er glaubt, dass jeder Mensch Gott braucht. Auch diejenigen, die zur Oberschicht gehören. Im Unterschied zum Kleinpächter ist der Perlenkaufmann auf der Suche nach einem Schatz. Diese Menschen gibt es auch, die von Gottes Existenz wissen und gezielt nach ihm Ausschau halten. Dann findet der Perlenkaufmann die eine makellose Perle, die so wertvoll für ihn ist, dass er alles dafür ausgibt, was er besitzt. Und das ist nicht wenig. Spätestens jetzt fällt das Gleichnis aus dem Rahmen. Der Perlenkaufmann ist jetzt kein kühl kalkulierender Händler mehr, sondern der Ästhet, der Verzückte und Enthusiast, weil er etwas so Wunderbares und Schönes gefunden hat, das alle Berechnung und Vernunft ausschaltet. Er muss sich in den Besitz der Perle bringen, koste es was es wolle. Auf diese Bedeutung des Glaubens, nach dem viele Menschen gezielt suchen, kommt man nur, wenn man beide Geschichten als zusammengehörig versteht.

Jesus möchte mit diesem Doppelgleichnis zeigen: So ist Gott. Wenn er in das Leben eines Menschen tritt, wirkt sich das auf eine Weise aus, wie bei diesen beiden Personen. Das ist keineswegs nebensächlich. Wer sich auf den Glauben einlässt, muss sich bewusst sein, dass das gesamte Leben danach anders sein kann. Das kann auch ein wichtiger Hinderungsgrund sein, sich auf Gott einzulassen, denn wer ist heutzutage wirklich dazu bereit?

- **Welche Stichworte fallen Ihnen assoziativ ein, wenn Sie das Wort „Gott" hören?**

Zum Stichwort Gott oder Glauben fallen den meisten Menschen folgende Attribute ein: „überholt, eng, engstirnig, langweilig, altmodisch, kleinkariert, verstaubt, überflüssig“. Das liegt daran, dass man Gott mit den christlichen Institutionen verwechselt. Jede Organisation hat die Tendenz, das Unkontrollierbare unter Kontrolle bringen und handhabbar machen zu wollen. Die christlichen Organisationen brauchen Verlässlichkeit, die gut verwaltet werden kann. Unvorhersehbarkeit und Spontaneität passen da nicht rein.

Ein weiterer Grund: Jeder Mensch hat ein bestimmtes Bild von Gott im Kopf, doch in den seltensten Fällen stimmt das auch. Man hat sich festgelegt, wie Gott zu sein hat. Wenn er nicht so ist, wie man ihn sich vorstellt, dann blendet man aus, lehnt ab, verteufelt oder ignoriert es einfach. Der Grund ist oft, dass Unvorhersehbarkeit und radikale Veränderungen im Denken und Handeln anstrengend sind. Man vermeidet sie lieber – auch im Glauben an Gott. Dadurch wird alles langweilig, spießig und kleinkariert. Das Leben erstarrt in Routine und den immer gleichen vorhersehbaren und unveränderlichen Abläufen.

Gott lässt sich nicht in unsere Vorstellungen pressen, genauso wenig, wie er sich in die Ritzen unseres Alltags pressen lässt. Jesus verbindet andere Begriffe mit seinem Vater im Himmel: „Überraschung, Freude, Neugier, Entdeckungen und Abenteuerlust“. Man spürt die Erregung in diesem Gleichnis, als der Kleinpächter und Perlenkaufmann ihre Schätze plötzlich entdecken. Jesus will damit sagen: Mit Gott öffnet sich eine ganz neue Welt. Glaube verändert unseren Horizont und setzt in Bewegung. Jesus wirbt dafür, sich auf Gott einzulassen. Die Beziehung zu ihm ist vergleichbar mit dem Gefühl, einen Schatz oder eine kostbare Perle zu finden.

- **Wann wurden Sie in Ihrem Leben überrascht oder haben eine neue Entdeckung gemacht?**

Es gibt zwei Aussagen über Gott, die aus diesem Doppelgleichnis folgen. Es fällt auf, dass der Schatz nicht auf „neutralem Boden" liegt, wo er jedem gehören würde, der ihn findet. Er liegt auch nicht auf dem eigenen Acker, wie in so vielen anderen Schatz- Geschichten. Der Schatz liegt auf einem fremden Acker, den der Kleinpächter erst erwerben muss, damit er wirklich ihm gehört. Genauso fremd wie der Acker ist Gott auch. Er ist nicht der gutmütige ältere Herr mit weißem Vollbart und Laken bekleidet, wie viele ihn sich vorstellen. Er ist auch nicht wie ein naher Verwandter, der einem sehr vertraut ist. Gott ist uns fremd. Wir können ihn nicht begreifen. Das zeigt sich immer dann, wenn er in diese Welt hineinkommt. Die Reaktion der Menschen, die ihm meist überraschend und unerwartet begegnen, ist immer gleich: Sie fallen auf die Knie und bedecken ihr Gesicht. So wird es im Alten Testament zum Beispiel von Jesaja geschildert, als er zum Propheten berufen wird (Jesaja 6). Oft sind unsere Vorstellungen, wie Gott ist, recht harmlos. Wenn Gott dann in unser Leben tritt, merken wir erst, dass wir uns die ganze Zeit geirrt haben. Wir unterschätzen, wie anders, fremdartig und unverständlich Gott tatsächlich ist und dass er unsere Vorstellungskraft übersteigt.

- **Wovor haben Sie sich schon einmal so richtig gefürchtet?**

Ein letzter Aspekt, der dieses Doppelgleichnis auszeichnet, ist eine kompromisslose „Entweder-Oder-Mentalität". Sowohl der Kleinpächter als auch der Perlenkaufmann verkaufen ihre gesamte Habe. Sie behalten nicht die Hälfte oder ein Drittel für sich, sondern geben alles auf, was sie vorher hatten. Sie können gar nicht anders, weil der Schatz und die besondere Perle sehr viel mehr Wert haben als alles, was sie vorher besaßen. Sie handeln konsequent und folgerichtig. Alles andere wäre unlogisch: Niemand klammert sich an seinen Besitz, wenn er stattdessen einen viel größeren Reichtum bekommen könnte. Wer würde nicht für zehn Euro einen Lottoschein kaufen, wenn er die Zahlen der nächsten Ziehung aus einem wundersamen Grund schon vorher erfahren hätte?

So sieht Jesus die Beziehung zu Gott: Ganz oder gar nicht. Man kann nicht ein bisschen an Gott glauben. Der wohltemperierte Gottesdienstbesuch an Ostern und Weihnachten, um die Feiertage mit andächtiger Stimmung zu garnieren, ist kein Glaube. Er ist nach Meinung dieses Gleichnisses gar nichts. Man kann nur mit voller Hingabe an Gott glauben. Aber das ist keine Entscheidung, über die man lange nachdenken muss: Wer Gott wirklich begegnet, ist überwältigt. Für ihn ist es keine Frage mehr, wie er sich verhalten soll, denn es lohnt sich. Wer Gott entdeckt, ist überrascht und voller Freude und bereit, alles andere dafür aufzugeben. Alles andere hat mit Gott wenig zu tun.

- **Wann und worüber haben Sie sich in Ihrem Leben am meisten gefreut?**

Hier ist Platz für Ihre Notizen.

9 Vom ungerechten Verwalter

Lukas 16,1-8

- **Haben Sie je gegen Gesetze verstoßen oder sich nicht ganz an die Regeln gehalten? Wurden Sie für ein solches Verhalten gelobt?**

1 Er sprach aber auch zu den Jüngern: Es war ein reicher Mann, der hatte einen Verwalter; der wurde bei ihm beschuldigt, er verschleudere ihm seinen Besitz. 2 Und er ließ ihn rufen und sprach zu ihm: Was höre ich da von dir? Gib Rechenschaft über deine Verwaltung; denn du kannst hinfort nicht Verwalter sein. 3 Da sprach der Verwalter bei sich selbst: Was soll ich tun? Mein Herr nimmt mir das Amt; graben kann ich nicht, auch schäme ich mich zu betteln. 4 Ich weiß, was ich tun will, damit sie mich in ihre Häuser aufnehmen, wenn ich von dem Amt abgesetzt werde. 5 Und er rief zu sich die Schuldner seines Herrn, einen jeden für sich, und sprach zu dem ersten: Wie viel bist du meinem Herrn schuldig? 6 Der sprach: Hundert Fass Öl. Und er sprach zu ihm: Nimm deinen Schuldschein, setz dich hin und schreib flugs fünfzig. 7 Danach sprach er zu dem zweiten: Du aber, wie viel bist du schuldig? Der sprach: Hundert Sack Weizen. Er sprach zu ihm: Nimm deinen Schuldschein und schreib achtzig. 8 Und der Herr lobte den ungerechten Verwalter, weil er klug gehandelt hatte. Denn die Kinder dieser Welt sind unter ihresgleichen klüger als die Kinder des Lichts.

Dieses Gleichnis fällt aus dem Rahmen, weil es illegales Verhalten gutheißt. Es lobt die Veruntreuung von Geld, das dem Verwalter nicht gehört. Es ist irritierend, dass Jesus nicht so ethisch einwandfrei erzählt, wie wir es uns wünschen würden. Viele Christen haben ein Bild von Jesus, der sich keine moralischen Fehler leistet und immer das Richtige fordert und tut. Mit diesem Gleichnis wirbelt er aber alle Vorstellungen von Richtig und Falsch durcheinander.

Eine wichtige Beobachtung, um diese irritierende Tatsache zu verstehen, ist die: Bisher wurde in den Gleichnissen beschrieben, *dass* und *wie* man den Unglücklichen helfen soll. Allein im vorhergehenden Kapitel 15 des Lukasevangeliums häufen sich die Gleichnisse, die beschreiben, wie zum Beispiel ein Hirte seine 99 Schafe verlässt, um das hundertste zu suchen. Ein Vater läuft seinem verloren geglaubten Sohn entgegen, als er ihn von Ferne sieht. Jesus will damit sagen: So sollten wir uns Menschen gegenüber verhalten, die am Boden liegen, weil Gott ihnen mit Milde und Güte begegnet. Doch hier geht es nicht darum, *dass* man den Menschen mit Barmherzigkeit begegnet, sondern *warum*. Die einfache Antwort: Weil wir selbst an ihrer Stelle sein könnten und dann froh über jede Hilfe wären. Es kann uns jederzeit passieren, dass uns ein Schicksalsschlag aus der Bahn wirft. Genau das passiert dem Verwalter: Gerade war er noch ein angesehener Mann mit Status und Zukunft und im nächsten Augenblick steht er vor den Ruinen seines Lebens. Man braucht sich nur in die Situation eines Unglücklichen hineinzuversetzen und sich vorzustellen, dass man selbst nach Rettung und Beistand Ausschau hält. Dann geht man nicht mehr gleichgültig vorüber.

- **Sind Sie je mit dem Gesetz in Konflikt geraten oder haben etwas Verbotenes getan?**

Wir haben heute so sehr den ethisch hochstehenden und moralisch einwandfreien Jesus als Idealgestalt im Kopf, dass es uns schwerfällt, das

Skandalöse dieses Gleichnisses zu hören. Im Grunde bestätigt es den Vorwurf, den seine Zeitgenossen ihm gemacht haben: Die Sünde färbt allmählich von den Sündern und Zöllnern auf Jesus ab. Er steckt sich mit ihr an, wie mit einer Krankheit, weil er zu viel mit diesen zwielichtigen Gestalten zusammen ist. Sie springt auf ihn über und vergiftet langsam seine Gedanken. Schließlich erzählt er dieses unmögliche Gleichnis, das den Betrug eines Angestellten an seinem Chef gutheißt. Veruntreuung und Unterschlagung – dafür kommt man heute ins Gefängnis. Selbst der Evangelist Lukas, zu dessen Sondergut dieses Gleichnis gehört, konnte es nicht unkommentiert stehen lassen. Er fügt die Worte hinzu: „Wer im Geringsten treu ist, der ist auch im Großen treu." (Vers 10) Ein Kommentar, der so gar nichts mit dem Gleichnis zu tun hat, denn hier wird ja gerade die Untreue und das egoistische Handeln des Verwalters gelobt, der mit dem Vorwurf des Betrugs konfrontiert sogar noch eins draufsetzt.

Was also anfangen mit diesem anrüchigen Text? Zunächst geht es um einen Superreichen. Das zeigen die Beträge, die der Verwalter den Schuldnern seines Herrn erlässt. 100 Eimer Öl entsprechen dem Ertrag von ungefähr 145 Ölbäumen und einem Gegenwert von ungefähr 1.000 Denaren. Beim Weizen ist es sogar noch mehr: 100 Sack Weizen sind der Ertrag von 42 Hektar Land. Das entspricht einer Summe von ungefähr 2.500 Denaren. Ein Hilfsarbeiter, so hörten wir bereits im Gleichnis von den Arbeitern im Weinberg im vierten Kapitel dieses Buches, bekam als Tageslohn einen Denar. Von den mit einem Federstrich erlassenen Summen kann eine Familie also mehrere Jahre leben. Hier geht es nicht um Kleinigkeiten. Die Menschen, die mit so hohen Beträgen in der Kreide stehen, gehören offenbar zur Oberschicht und der Verwalter, der „Ökonom", wie das griechische Wort heißt, hat Zugang zu dieser exklusiven Gruppe von Menschen. Seine Position verhilft ihm zu einer herausgehobenen sozialen Stellung und zu Ansehen.

- **Waren Sie je zu einer exklusiven Veranstaltung eingeladen? Wie wirkte das auf Sie?**

Diese herausgehobene Stellung des Verwalters ist allerdings nur geborgt. Er gehört nicht zur Oberschicht dazu. Er arbeitet nur für jemanden von der Oberschicht. Wenn er seinen Zugang verliert, hat er gar nichts mehr und sein Herr will ihn davonjagen. Eben noch hat er die Tagelöhner beaufsichtigt und jetzt bekommt er nicht einmal mehr deren Job. Das ist eine Situation, wie wir vorhin schon feststellten, die jeden ereilen kann. Eben noch sattelfest in der Mitte des Lebens, verliert man plötzlich den Halt und fällt hart auf den Boden. Ob es eigenes Verschulden war oder nicht, spielt zunächst keine Rolle. Tatsache ist, dass so etwas auch jedem Hörer des Gleichnisses passieren kann.

Auch hier gibt es wieder eine Innenschau, die uns an die intimsten Gedanken des Verwalters heranführt, denn jetzt wird es spannend: Wie geht man mit so einer schlimmen Nachricht um? Wie reagiert man darauf? Wir erfahren nicht nur die äußerliche Reaktion, sondern sogar die innere. Und der Verwalter analysiert ziemlich sachlich seine Optionen, nachdem er auf die Straße gesetzt wird. Er kommt zu dem Schluss: Für ihn gibt es keinen legalen Ausweg. Er kann nur zwischen zwei „Unmöglichkeiten" wählen. Entweder er verkauft sich als Hilfsarbeiter, aber das wäre sein physischer Ruin, weil er diese Arbeit nicht gewöhnt ist. Er hat bisher ein sehr bequemes Leben geführt und würde diese Arbeit wahrscheinlich keinen einzigen Tag durchhalten. Betteln gehen möchte er auch nicht, nachdem er das Ansehen der Oberschicht genossen hat. Das wäre sein psychischer Ruin. Er ist also in einer Sackgasse, aus der es keinen „anständigen" Weg heraus gibt.

- **Haben Sie je zwischen „Pest und Cholera", also zwei unmöglichen Dingen wählen müssen?**

Der Verwalter steckt in einer Sackgasse. Er ist am Ende seiner persönlichen Möglichkeiten. Man könnte sagen, die Umstände zwingen ihn eine moralisch fragwürdige Lösung zu wählen. Wer ihn dafür verurteilen möchte, sollte sich fragen, wie er in dessen Situation handeln würde, denn jeden könnte ein ähnliches Schicksal ereilen. Jeder Mensch ist vor Gott in einer ähnlichen Rolle wie dieser Verwalter und muss nach reiflicher Überlegung zu dem Ergebnis kommen, dass er aus eigenen Möglichkeiten und Fähigkeiten sein Leben nicht bestreiten kann. Jeder Mensch ist gegenüber Gott in der Rolle des Verwalters und hat deshalb kein Recht, sich über andere Menschen ein Urteil zu erlauben. Aber wer gibt das gern zu? Die eigene Hilflosigkeit oder Unfähigkeit darf nach außen nie sichtbar werden, denn das käme einer Bloßstellung gleich. Wir glauben lieber der Illusion, dass wir alles im Griff haben, alles in unserem Leben steuern und kontrollieren können. An dieser Illusion halten wir sogar dann noch fest, wenn alle Fakten dagegensprechen. Mit allen Mitteln verdrängen wir die Wahrheit zugunsten der Illusion, wie sie der Hausverwalter hat: Er ist angesehen. Er verkehrt in den obersten Schichten der Gesellschaft und hat alles im Griff. Was kann schon schiefgehen? Er gaukelt sich selbst vor, dass sein Leben wie ein rauschendes Fest immer weitergeht, bis die Party plötzlich zu Ende ist und seine Machenschaften auffliegen. Jetzt wird er aller seiner Illusionen beraubt: Er hat zwar mit den Leuten aus der Oberschicht ein freundschaftliches Verhältnis gepflegt, aber er gehört nicht zu ihnen. Der Verwalter steht am Abgrund vor dem sozialen Nichts. Es geht um die Existenz – und wenn es um das nackte Überleben geht, leistet man sich nicht länger irgendwelche Abwägungen über Anstand und Moral. Den Luxus solcher Bewertungsmaßstäbe kann er sich nicht länger leisten.

- **Nennen Sie Maßstäbe, nach denen Sie das Handeln anderer Menschen bewerten!**

Das Gleichnis möchte deutlich machen, dass alle unsere Vorstellungen von Richtig und Falsch, Gut und Böse, Solidarisch und Unsolidarisch irreführend sind. Wir handeln nicht so. Wir verhalten uns so, dass alles erlaubt ist, solange man sich nicht erwischen lässt. Man darf jede moralisch noch so verwerfliche Tat begehen, solange das Prestige in der Öffentlichkeit gewahrt bleibt. Die gesamte Politik lebt davon, sich moralisch über den Gegner zu erheben, der vermeintlich moralisch falsch handelt. Was das Gleichnis vorschlägt, ist eine Neubewertung: Unsere Bewertungsmaßstäbe sollten sich nicht länger daran orientieren, ob man bisher Glück gehabt hat und ohne größere Verwerfungen durch sein Leben gekommen ist. Sie sollten sich daran orientieren, wie viel Unglück einen Menschen treffen kann, ob nun verschuldet oder nicht.

Ein Beispiel: Eine Frau steht an der roten Ampel. Die Sonne steht sehr tief, sodass sie nicht genau erkennen kann, welche Farbe gerade leuchtet. Geblendet von der Sonne meint sie, die Ampel sei auf Grün umgesprungen und fährt los. Sie verursacht einen Unfall, bei dem ein Kind ums Leben kommt. Nach allen menschlichen und juristischen Wertmaßstäben ist sie schuldig. Sie hat schließlich den Unfall verursacht, weil sie bei Rot gefahren ist. Unser Gleichnis sagt: Dieser Wertmaßstab passt hier nicht, denn es hätte jedem anderen, der an dieser Ampel stand, genauso passieren können. Es gibt Grenzsituationen des Lebens, die man nicht moralisch bewerten kann. Besser ist die Kategorie Glück oder Unglück. Einen trifft das Unglück und der andere wird davon verschont. Jeder Mensch lebt aus der Vergebung, also aus der Tatsache, dass das Unglück ihn genauso treffen könnte. Das Matthäusevangelium macht das in dem Gleichnis deutlich, das wir in Kapitel fünf dieses Buches behandelt haben: Ein König erlässt seinem Minister einen astronomisch hohen Geldbetrag allein aus dem Grund, weil er es nie zurückzahlen könnte. Ist es da zu viel verlangt, selbst barmherzig zu sein und eine weit geringere Schuld zu erlassen, statt „Gerechtigkeit“ einzufordern?

Unser Gleichnis sagt, wir sitzen alle im selben Boot. Wir alle könnten hoch verschuldet sein und es ist dem Zufall zu verdanken, dass wir es (noch) nicht sind. Deshalb sollen wir unseren Blick ändern auf unsere Mitmenschen. Schauen wir sie nicht an von dem bestmöglichen Fall, dass alles im Leben glattläuft. Schauen wir sie an vom schlimmstmöglichen Fall, dass sie eine schmerzhafte Bruchlandung im Leben machen. Das geschieht viel häufiger als man denkt und oft völlig unerwartet. Sie brauchen dann keinen moralisch erhobenen Zeigefinger, sondern praktische Hilfe. Genau das braucht man selbst auch, wenn man vor den Augen des Lebens „in Ungnade fällt“. Da ist man froh über jede Freundlichkeit und Hilfe, die man bekommt. Es gibt keinen anderen Weg zueinander, als einander die Schulden zu erlassen. Auch mit unlauteren Mitteln.

- **Wem haben Sie außerhalb Ihrer Familie etwas Gutes getan? Was ist daraus geworden?**

Das Gleichnis mag zunächst verstörend sein, weil es gegen unseren moralischen „Kompass“ verstößt. Aber Jesus fordert darin eigentlich nur, menschlich zu sein. Wenn die Gesetze unmenschlich sind, dann muss man eben gegen sie verstoßen. Nach dem Gesetz handelt der Verwalter illegal, weil er Geld veruntreut, das ihm nicht gehört. Aber wer wird geschädigt? Ein Superreicher, der dieses Geld sowieso nicht braucht. Wem wird geholfen? Einem Verwalter in der Klemme und den Bauern, die von ihren Lasten befreit werden.

Hier wird einmal mehr deutlich, dass Gott sich nicht in unsere Vorstellungswelt pressen lässt. Auch nicht in unsere Muster von Moral und Anstand, Gesetzestreue und Regeln. Gott setzt sich darüber hinweg, wenn es die Barmherzigkeit fordert – und von dieser Barmherzigkeit abseits aller Regeln und Gesetze leben auch wir.

Hier ist Platz für Ihre Notizen.

10 Vom reichen Mann und armen Lazarus

Lukas 16,19-31

- **Wie stellen Sie sich das Jenseits vor? Welche Vorstellungen verbinden Sie mit Himmel und Hölle?**

19 Es war aber ein reicher Mann, der kleidete sich in Purpur
und kostbares Leinen und lebte alle Tage herrlich und in
Freuden. 20 Ein Armer aber mit Namen Lazarus lag vor seiner
Tür, der war voll von Geschwüren 21 und begehrte sich zu
sättigen von dem, was von des Reichen Tisch fiel, doch kamen
die Hunde und leckten an seinen Geschwüren. 22 Es begab sich
aber, dass der Arme starb, und er wurde von den Engeln
getragen in Abrahams Schoß. Der Reiche aber starb auch und
wurde begraben. 23 Als er nun in dcr Höllc war, hob er seine
Augen auf in seiner Qual und sah Abraham von ferne und
Lazarus in seinem Schoß. 24 Und er rief und sprach: Vater
Abraham, erbarme dich meiner und sende Lazarus, damit er
die Spitze seines Fingers ins Wasser tauche und kühle meine
Zunge; denn ich leide Pein in dieser Flamme. 25 Abraham aber
sprach: Gedenke, Kind, dass du dein Gutes empfangen hast in
deinem Leben, Lazarus dagegen hat Böses empfangen; nun
wird er hier getröstet, du aber leidest Pein. 26 Und in all dem
besteht zwischen uns und euch eine große Kluft, dass niemand,
der von hier zu euch hinüberwill, dorthin kommen kann und
auch niemand von dort zu uns herüber. 27 Da sprach er: So
bitte ich dich, Vater, dass du ihn sendest in meines Vaters Haus;
28 denn ich habe noch fünf Brüder, die soll er warnen, damit

sie nicht auch kommen an diesen Ort der Qual. 29 Abraham
aber sprach: Sie haben Mose und die Propheten; die sollen sie
hören. 30 Er aber sprach: Nein, Vater Abraham, sondern wenn
einer von den Toten zu ihnen ginge, so würden sie Buße tun. 31
Er sprach zu ihm: Hören sie Mose und die Propheten nicht, so
werden sie sich auch nicht überzeugen lassen, wenn jemand
von den Toten auferstünde.

Zunächst muss ein weit verbreitetes Missverständnis korrigiert werden: Manche Christen glauben, in diesem Gleichnis bekäme man einen Blick „hinter die Kulissen" und Jesus wolle beschreiben, wie das Leben nach dem Tod aussieht. Das würde aber dem Charakter von Gleichnissen widersprechen, die eine bildhafte Darstellung sind, um einen gesellschaftlichen Missstand zu benennen und auf das Himmelreich hinzuweisen. Wer so auslegt, bricht aus diesem Deutungsschema aus und tut so, als wäre diese Geschichte ein moderner Tatsachenbericht. Er verkennt die Literaturgattung oder lässt sie einfach außen vor. Das ist so, als würde man einen Science-Fiction-Roman als Tatsachenbericht lesen über die menschliche Zukunft in 50, 100 oder 1.000 Jahren. Es handelt sich bei dieser Geschichte aber nicht um einen Tatsachenbericht, sondern um ein Gleichnis. Zum richtigen Verständnis darf man die Literaturgattung nicht einfach weglassen, sondern muss so auslegen, wie es bei den anderen Gleichnissen von Jesus auch gemacht wird. Wenn man darauf achtet, bekommt dieses Gleichnis eine Aktualität, die einem auf den ersten Blick entgehen könnte: In knappen Worten beschreibt Jesus die Ungerechtigkeit einer Welt, die eigentlich nicht so ungerecht sein müsste, wenn die Israeliten das Gesetz des Mose ernstnehmen würden. Bereits die kurze Vorstellung der Hauptpersonen in der Einleitung signalisiert, dass es um das Soziale geht und nicht um die Endzeit oder die Frage nach den letzten Dingen (Der theologische Fachausdruck dafür, den manche wahrscheinlich schon gehört haben, lautet: Eschatologie).

Wenn man darauf beharrt, dass es hier um die Ewigkeit geht und Jesus einen Blick über den Horizont hinaus gewährt, verliert diese Geschichte ihre Aktualität und Bedeutung: Was ist damit gewonnen, wenn man weiß, dass im Himmel für die Armen die ewige Seligkeit wartet, während die Reichen die Qualen der Hölle erleiden? Würde durch diese Drohkulisse irgendjemand sein Leben ändern? Selbst Jesus zieht dieses ernüchternde Fazit am Ende des Gleichnisses: Selbst wenn jemand von den Toten auferstünde, wären wohl die wenigsten bereit, ihr Leben zum Guten zu verändern.

- **Was erfahren wir über die beiden Hauptpersonen des Gleichnisses?**

Zuerst wird der reiche Mann vorgestellt. Er trägt die feinsten Gewänder und lebt herrlich und in Freuden. Aber wir erfahren seinen Namen nicht. Er bleibt anonym, während der Name des Armen genannt wird: Lazarus. Sofort identifiziert man sich mit seinem Schicksal, während der Reiche zunächst eigenartig passiv und gestaltlos bleibt. Lazarus darf nicht verwechselt werden mit dem Freund von Jesus, der von den Toten auferweckt wurde. Der Name war in Israel weit verbreitet und ist kein Hinweis auf eine Verbindung zwischen diesen beiden Personen.

Wie ist er aber auf die Türschwelle des Reichen gelangt? Man kann davon ausgehen, dass er von seinen Verwandten jeden Tag dorthin gebracht wurde, um Almosen zu erbetteln. Es muss einen gewichtigen Grund dafür geben, dass er auf Spenden angewiesen ist und nicht selbst arbeiten kann. Wahrscheinlich ist Lazarus nicht nur arm und krank, sondern hat auch eine Behinderung, vielleicht eine Lähmung, weshalb er so stark eingeschränkt ist, dass er für seinen Lebensunterhalt nicht selbst sorgen kann.

Hier findet sich implizit die erste Sozialkritik: Es ist eine Besonderheit, dass die Hörer den Namen des Armen, aber nicht den Namen des Reichen erfahren. In unserer Welt ist es umgekehrt: Bekannt sind die Namen derer, „die es geschafft haben". Sie bekommen unsere Aufmerksamkeit und Bewunderung. Jeder verbindet mit dem Namen der größten Pyramide in der Ebene von Gizeh den Namen des Pharaos, der in ihr begraben liegt: Cheops. Die Namen der vielen tausend Sklaven, die bei ihrem Bau gestorben sind, kennt niemand. Mit dem Schloss Versailles ist der Name eines Königs untrennbar verbunden, der selbst vermutlich nur einen einzigen Stein dieses Prunkgebäudes für den Bau angefasst hat, nämlich den Grundstein. Aber hier in unserem Gleichnis ist es umgekehrt – und das zeigt, wessen Partei Jesus ergreift. Er ist auf der Seite des armen Lazarus, dessen Geschwüre von Hunden geleckt werden, der also auf einer sozialen Stufe steht, die noch niedriger ist als die von Tagelöhnern.

- **Was halten Sie von der Ansicht, dass Gott den Erfolg segnet und auf diese Weise für Wohlstand sorgt?**

Das Leben war für die arme Bevölkerung ohnehin nicht einfach, aber es wurde ihnen durch die Theologie noch schwerer gemacht. Die meisten Menschen glaubten, dass Gott auf der Seite der Reichen stand. So hat man bis in die Neuzeit hinein die Ordnung in Europa als „von Gott gegeben" legitimiert. Die Adeligen sind nicht einfach durch den Zufall der Geburt bevorzugt worden, sondern weil Gott es so wollte. Ansonsten wären sie nicht in diese hohe Stellung hineingeboren worden. Wer dagegen aufbegehrt, rebelliert gegen die heilige Ordnung und verliert die Gnade Gottes. Ein ganz ähnliches Denken muss man bei den Hörern dieses Gleichnisses voraussetzen: Für sie war schon bei der

Vorstellung dieser beiden Hauptfiguren klar, dass der Reiche ein frommer Mann war, der alle Gesetze peinlich genau einhielt, denn seinen Reichtum hatte er als Segnung von Gott erhalten. Der Arme hingegen musste entweder selbst gesündigt haben oder dessen Eltern hatten sich etwas zu Schulden kommen lassen, denn anders war sein unglückliches Schicksal nicht zu erklären.

Eine solche quasi-religiöse Vorstellung von Arm und Reich haben wir heute auch. Wir begründen nicht mehr mit Gott, sondern mit den Fähigkeiten, der Leistungsbereitschaft und Kreativität jedes Einzelnen. Da jeder die Möglichkeit hat, etwas aus sich zu machen, muss man jedem seinen Erfolg und Reichtum gönnen, während unser Misstrauen gegen die unglücklichen Armen sofort geweckt ist: Hat er sich auch wirklich ins Zeug gelegt und alles getan, um seinen „Platz an der Sonne" zu gewinnen? Wahrscheinlich ist er selbst schuld, dass er ein Habenichts ist. Schließlich kann es jeder schaffen, wenn er nur will und sich richtig anstrengt. So begründen wir heute etwas subtiler als früher das unbarmherzige Nebeneinander von größtem Luxus und noch größerer Verzweiflung in Armut. Unser Text deckt den Kontrast und die Ungleichheit in der Einleitung auf, indem er sie nebeneinanderstellt: Es gibt den Reichen, der in feinste Gewänder gehüllt allezeit in Freuden lebt, während auf seiner Schwelle ein Armer liegt, dessen Geschwüre von Hunden geleckt werden und der nicht einmal die Abfälle bekommt.

- **Sind Sie mit jemandem befreundet, der viel wohlhabender oder ärmer ist als Sie? Wie gut funktioniert das? Welche Schwierigkeiten können auftreten?**

Dann sterben beide: Der Reiche kommt in die Hölle, der arme Lazarus in den Himmel. Das ist für die Zuhörer überraschend. Wie bereits angedeutet, ist für sie klar, dass der Reiche von Gott gesegnet ist. Dass er jetzt in der Hölle landet, haben sie nicht erwartet.

Einige weitere Details dieser „Jenseitsszene“ sind überraschend: Himmel und Hölle werden so beschrieben, dass es eine unüberbrückbare Kluft zwischen ihnen gibt. Aber unterhalten kann man sich offenbar trotzdem. Spätestens dieser Umstand zeigt, dass es hier nicht darum geht, ein exaktes Bild der Zustände eines Lebens nach dem Tod zu zeichnen. Es geht um den anschließenden Dialog, der ohne diese „Durchlässigkeit“ der Grenze zwischen Himmel und Hölle nicht möglich wäre. Das Gespräch entspinnt sich nicht, wie man hätte denken können, zwischen dem armen Lazarus und dem reichen Mann, sondern der Arme ist in der ganzen Geschichte völlig passiv. Er spricht kein Wort und greift an keiner aktiv in die Handlung ein. Der Reiche, der bisher recht gestaltlos blieb, wird nun aktiv und richtet sein Ansinnen an „Vater Abraham.“ Der antwortet ihm nicht unfreundlich mit „Sohn“. Damit will das Gleichnis sagen: Der Reiche ist kein Gottloser. Er ist gläubiger Jude, der regelmäßig in den Tempel gegangen ist und seine Opfer gebracht hat. Vermutlich ist er nie an einem Bettler vorbeigegangen, ohne ihm ein Almosen zu geben. Er hat seine Gebete verrichtet und den Sabbat gehalten. Er hat alles getan, was man als Jude zu tun verpflichtet ist. Vermutlich ist er kein böser Mensch und hat das Herz am rechten Fleck. Trotzdem muss er jetzt Höllenqualen erdulden. Das ist das Bestürzende und gleichzeitig Irritierende an diesem Gleichnis: Eigentlich hat er nichts falsch gemacht und trotzdem reicht es nicht für den Himmel.

- **Wie pflichtbewusst leben Sie? Handeln Sie nach Ihren religiösen und ethischen Prinzipien?**

Jesus spricht hier ein wichtiges Problem an: Man kann auch daneben liegen, obwohl man sich an alle Regeln hält. Man kann sich hinter Regeln sogar vortrefflich verstecken und sich die Not und Verzweiflung der Menschen vom Leibe halten. Anteilnahme und Mitgefühl für andere lässt sich nicht in Regeln gießen. Es sind nicht die Ordnungen, sondern das Herz, das dazu bewegt, über das gesetzlich notwendige Maß hinaus einem Unglücklichen zu helfen. Keine Regel veranlasst einen Menschen dazu, in die Slums und Favelas dieser Welt zu gehen, um den Menschen ein wenig Hoffnung und Linderung in ihrem unbarmherzigen Alltag zu schenken. Kein Gesetz und keine Regel hat Jesus dazu veranlasst, sich foltern und töten zu lassen. Es war sein Mitgefühl für die Menschen, das ihn veranlasste, bis zum Äußersten zu gehen. Sein Herz trieb ihn dazu, von einem Gott zu sprechen, der nicht die Reichen dieser Welt auch noch segnet, die sowieso schon alles haben. Er war der Ansicht, dass Gott sich um solche Menschen wie den armen Lazarus kümmert. Das ist bis heute gefährlich, weil es die bestehende Ordnung hinterfragt und die Hoffnung schürt, dass es auch anders sein könnte. Menschen, die andere inspirieren, von einer Welt zu träumen, in der es gerechter zugeht als heute, werden von den Reichen und Mächtigen als Bedrohung angesehen und verfolgt. Unser Gleichnis entlarvt die unselige Allianz zwischen Theologie und Macht als Lüge, denn das Urteil in unserem Gleichnis ist verheerend: Für den Reichen gibt es nicht einmal die minimale Erleichterung seines Schicksals, dass seine Zungenspitze durch einen Tropfen kühlen Wassers vom Finger des armen Lazarus gekühlt werde. Selbst dieser sprichwörtliche Tropfen auf den heißen Stein bleibt ihm verwehrt. Das zeigt die Ernsthaftigkeit und Kompromisslosigkeit des Anliegens, das Jesus in dieses Gleichnis hüllt.

- **Wie gut können Sie sich auf die Hilfe von Familie und Freunden verlassen? Wo wäre die Grenze Ihrer Hilfsbereitschaft?**

Nachdem der Reiche alles ausgelotet hat, seine Höllenqualen zu lindern, überrascht er wieder mit seinem guten Charakter: Er denkt nun nicht mehr an sein eigenes Schicksal, an dem er nichts mehr ändern kann, sondern an seine Geschwister. Ein narzisstischer und geldgieriger

Mann würde nicht auf die Idee kommen, dass seine fünf Brüder gewarnt werden, damit sie nicht das gleiche Schicksal ereilt.

Uns gehen möglicherweise ähnliche Gedanken durch den Kopf wie dem reichen Mann, der um ein Wunder bittet, damit seine Brüder aufwachen und ihr Leben ändern: Gott müsste sich in dieser Welt durch ein unübersehbares Wunder offenbaren, dann könnte ihn niemand mehr ignorieren. Die Menschen würden sich besinnen und endlich tun, was richtig ist. Barmherzigkeit und Nächstenliebe könnte unsere Welt zum Besseren verändern.

- **Was müsste Ihrer Meinung nach geschehen, damit sich unsere Welt zum Besseren verwandeln kann?**

Die traurige Wahrheit in unserem Text und in unserer Welt ist, dass wir im Grunde schon alles wissen. Die Brüder könnten wissen, wie sie sich richtig verhalten sollen. Bei Mose und den Propheten, also im jüdischen Gesetz, steht alles drin. Sie könnten vom Propheten Jeremia lernen, sich anständig gegenüber ihren Untergebenen zu verhalten. Sie könnten wissen, dass Gottes Gebot verlangt, die Notlage von Menschen nicht gegen sie auszunutzen.

Das ist bis heute so: Wir wissen, dass wir einen Ausgleich zwischen Arm und Reich brauchen, aber unsere Gesellschaft gleicht nichts aus. Wir könnten die Waffen in dieser Welt begrenzen, produzieren aber immer mehr davon. Wir hätten heute die historisch einmalige Chance, mit Hilfe unseres technischen Fortschritts allen Menschen auf dieser Welt ein halbwegs anständiges Leben ohne Hunger und Gewalt zu ermöglichen, aber wir tun es nicht. Stattdessen wird mit moralischer Emphase immer noch behauptet, es gäbe keine Alternative zu Marktwirtschaft, Kapitalismus und Konsum. Wir wissen bereits jetzt, was passieren wird, wenn wir weiter den Regenwald abholzen, tonnenweise Kohlendioxid in die Luft blasen und unsere Umwelt vergiften. Dazu brauchen wir keinen Toten, der aufersteht, um uns das zu offenbaren. Wir brauchen auch keinen Toten, der uns sagt, dass unsere finanziellen Mittel sehr viel besser genutzt wären, wenn man sie nicht für Aufrüstung ausgibt, sondern in Bildung, Bibliotheken und Schwimmbäder steckt. Das alles liegt klar auf der Hand und trotzdem verhalten wir uns anders. Natürlich ist unsere Gesellschaft komplex und so einfach lässt sich nicht ändern, was schiefläuft. Wir stehen in so vielen Abhängigkeiten, dass man sich fragen muss, wie frei ein Einzelner in seinen Entscheidungen überhaupt noch ist. Wir haben uns gesellschaftlich in eine Sackgasse hineinmanövriert, aus der man nicht so leicht herauskommt. Trotzdem ist es wichtig, in aller Klarheit wie Jesus in unserem Gleichnis die Missstände zu benennen und sie nicht einfach zu ignorieren und auszublenden.

Dem Christentum wurde in der Vergangenheit vorgeworfen, es vertröste die Armen auf ein Jenseits, damit sie im Diesseits tun, was ihre Unterdrücker von ihnen verlangen. Das bekannteste Stichwort lautet: „Opium fürs Volk!" Tatsächlich haben sich die christlichen Kirchen allzu oft zu Handlangern der Mächtigen gemacht. Aber dieser Text weist nicht auf eine vermeintlich bessere Zeit bei Gott nach seinem Tod. Er kritisiert soziale Missstände und fordert zum Handeln auf. Denn genau das sollen die Hörer ja: Sie sollen jetzt, wo sie noch die Möglichkeit dazu haben, ihren Beitrag leisten, damit diese Welt barmherziger und lebenswerter wird.

Ein letzter Gedanke: Es kommt auch darauf an, *wer* ein solches Gleichnis erzählt. Es ist kein Politiker oder Prominenter, von dem man nie wissen kann, welche Agenda er verfolgt. Es ist der Mann aus Nazareth, der dieses Gleichnis erzählt. Ihm ging das Schicksal der Menschen so nahe, dass es ihm „in die Eingeweide fuhr", wie es an einer Stelle in der Bibel heißt. Er hatte diese Hoffnung, dass es eine Rettung aus aller Not gibt und unsere Welt nicht so bleiben muss. Es gibt diesen Weg heraus aus den Höllenqualen und hinein in „Vater Abrahams

Schoß". Der Weg führt über Mitgefühl und Erbarmen. Für diesen Weg ist Jesus gestorben.

- **Wo haben Sie aus Erbarmen und Mitleid einem anderen Menschen geholfen?**

Hier ist Platz für Ihre Notizen.

11 Vom großen Abendmahl

Lukas 14, 15-24

- **Gab es eine wichtige Feier, zu der Sie nicht hingehen konnten? Was waren die Gründe? Wie war die Reaktion der Einladenden?**

15 Da aber einer das hörte, der mit zu Tisch saß, sprach er zu
Jesus: Selig ist, der das Brot isst im Reich Gottes! 16 Er aber
sprach zu ihm: Es war ein Mensch, der machte ein großes
Abendmahl und lud viele dazu ein. 17 Und er sandte seinen
Knecht aus zur Stunde des Abendmahls, den Geladenen zu
sagen: Kommt, denn es ist schon bereit! 18 Da fingen sie alle an,
sich zu entschuldigen. Der erste sprach zu ihm: Ich habe einen
Acker gekauft und muss hinausgehen und ihn besehen; ich bitte
dich, entschuldige mich. 19 Und ein andrer sprach: Ich habe
fünf Joch Ochsen gekauft und ich gehe jetzt hin, sie zu besehen;
ich bitte dich, entschuldige mich. 20 Wieder ein andrer sprach:
Ich habe eine Frau geheiratet; darum kann ich nicht kommen.
21 Und der Knecht kam zurück und sagte das seinem Herrn. Da
wurde der Hausherr zornig und sprach zu seinem Knecht: Geh
schnell hinaus auf die Straßen und Gassen der Stadt und führe
die Armen und Verkrüppelten und Blinden und Lahmen herein.
22 Und der Knecht sprach: Herr, es ist geschehen, was du
befohlen hast; es ist aber noch Raum da. 23 Und der Herr
sprach zu dem Knecht: Geh hinaus auf die Landstraßen und an
die Zäune und nötige sie hereinzukommen, dass mein Haus voll

werde. 24 Denn ich sage euch: Keiner der Männer, die eingeladen waren, wird mein Abendmahl schmecken.

Dieses Gleichnis zeigt abermals, wie Jesus von Gott denkt. Er vergleicht den Glauben mit einem Festmahl – und dieser Vergleich ist für uns doch recht ungewöhnlich. Wir haben andere Bilder im Kopf: Mancher denkt eher an eine Gefängniszelle aus moralischen Verboten, in die man als Christ eingesperrt wird. Der Glaube ist für viele nur eine Ansammlung von Regeln und Vorschriften, die es zusätzlich zu den Herausforderungen des Lebens einzuhalten gilt. Er macht das Leben spartanisch und reduziert es auf das Nötige und Notwendige. Alles, was darüber hinaus geht, braucht man nicht, denn wir sind auf dieser Welt nur auf der „Durchreise". Als Gäste unterwegs in die Ewigkeit Gottes reisen wir mit leichtem Gepäck. Deshalb ist alle Freude, die uns von diesem Ziel womöglich ablenken könnte, unnötiger Ballast. Je mehr Entbehrungen man auf dieser Welt zu ertragen hat, desto größer der Gewinn, nachdem wir den sprichwörtlichen Jordan überschritten haben. So oder so ähnlich ist die Logik, nach der manche christlichen Gruppen leben.

Jesus hat offenbar die Vorstellung, dass der Glaube an Gott nicht wie eine spartanische Mönchszelle ist, sondern wie ein reich gedeckter Tisch bei einem Festmahl – und wie es da zugeht, weiß jeder: Fülle, Verschwendung, ein überreich dekorierter und gedecktes Buffet sollen dafür sorgen, dass die Gäste sich wohlfühlen. Das Fest ist geradezu der Inbegriff von Fröhlichkeit, Ausgelassenheit und Spaß. Hier wird nicht „am falschen Ende gespart". Aus pragmatischen Gründen stellt man die Speisen sonst in den Töpfen auf den Tisch. Das spart Abwasch. Aber heute holt man die Terrinen, Schüsseln und Saucieren hervor. Es soll schließlich ansprechend und feierlich aussehen. Da steht viel „Unnötiges" herum, auf das man auch hätte verzichten können. Aber die Tischkärtchen, liebevoll gefalteten Servietten und Blümchen auf dem

Tisch signalisieren Vielfalt und schaffen eine einladende Atmosphäre im Raum. In diesem Bild, das Jesus hier verwendet, lebt der Glaube nicht vom Verzichten, sondern von einem reich gedeckten Tisch, an den die Gläubigen eingeladen sind. Sie dürfen sich verwöhnen lassen und ausgelassen feiern – und vielleicht ist das ein Verständnis von Glauben, das uns fehlt: Wenn wir lernen wollen, auf Gottes Güte und Fürsorge zu vertrauen, müssen wir lernen, dass es nichts moralisch Verwerfliches ist, sein Leben zu genießen, sich verwöhnen zu lassen und den Glauben zu feiern.

- **Wo haben Sie sich zuletzt richtig verwöhnen lassen? Haben sie einmal richtig verschwenderisch und opulent Urlaub gemacht?**

Nun folgt das Überraschende: Die Geladenen kommen nicht zum Fest. Ihre Begründungen für die Absage, sind fadenscheinig. Jeder Hörer versteht sofort, dass das nur Ausreden sind. Die Gäste *wollen* nicht und das ist eine schlimme Beleidigung gegen den Gastgeber.

Der Ursprung dieses Gleichnisses dürfte in einer Situation liegen, die ab und zu vorkommt: Ein Mann ist reich geworden und gibt nun ein Bankett, um sich in die Oberschicht „einzuführen" oder „einzukaufen". Die eingesessene Oberschicht bleibt aber gern unter sich. Sie ist sehr wählerisch, mit wem sie sich zeigt. In unserem Gleichnis genauso: Die Ausreden der Eingeladenen machen deutlich, dass sie zur Oberschicht gehören. Der erste hat einen Acker gekauft, den er vorher nicht einmal angeschaut hat. Er hat den offenbar als Spekulationsobjekt erworben. Jedenfalls ist er nicht auf dessen Ertrag angewiesen, weil er offensichtlich weitere Grundstücke hat, wenn er nicht einmal nachschauen muss, ob der Acker seinen Vorstellungen entspricht. Ebenso jemand, der fünf Joch Ochsen, also fünf Ochsengespanne aus jeweils zwei Ochsen kauft. Der kann nicht zu den einfachen Leuten gehören. Das wäre so, als würde ein Schrebergartenbesitzer einen

Mähdrescher kaufen. Einen Mähdrescher kauft nur jemand, der genug Land bebaut, um ihn sinnvoll einsetzen zu können. Fünf Joch Ochsen, die einen Pflug ziehen, braucht nur ein Großgrundbesitzer.

Jesus stellt seinen Zuhörern die Frage, was ihnen wichtiger ist: Ihr Prestige und Ansehen oder ihr Verhältnis zu Gott? Reichtum ist nicht immer Segen von Gott. Er kann sogar hinderlich sein, um mit Gott in Kontakt zu kommen. Das ist für das damalige Verständnis eine ungewöhnliche Einstellung, aber sie passt zu den Ansichten von Jesus. Er hat immer wieder betont, dass nicht die Äußerlichkeiten über das Verhältnis zu Gott entscheiden, sondern das, was im Innern eines Menschen passiert. Man kann also nicht am Glück oder Unglück im Leben ablesen, ob jemand von Gott gesegnet ist. Auch nicht daran, ob jemand im Wohlstand lebt oder in Armut, mit einem klugen Verstand auf die Welt gekommen ist oder außergewöhnlicher Schönheit. Diese Dinge sind reiner Zufall der Geburt. Gesegnet ist jeder, der die Einladung zum Festmahl annimmt.

Auf unser Leben übertragen, könnte man vielleicht so fragen: Was ist uns wichtiger? Unser Alltag mit seinen Dringlichkeiten oder Gott? Die Alltagsgeschäfte stellen sich uns ähnlich in den Weg, wie den eingeladenen Gästen. Von außen mögen die Gründe recht fadenscheinig klingen, aber für uns sind sie trotzdem so wichtig, dass wir sie für wirkliche Gründe halten. Wir kaufen ein Grundstück oder ein Auto. Wir bauen ein Haus oder müssen mal wieder den Garten auf Vordermann bringen. Wir betreuen die Enkel oder unsere alten Eltern. Wir müssen nicht nur ständig unser Leben, unsere Freizeit und unseren Urlaub organisieren, sondern auch ganz praktisch all die Dinge, die wir besitzen. Smartphone, Tablet-PC, Laptop und PC brauchen ständig neue Updates, das Auto muss zum TÜV, die Fahrräder brauchen neue Schläuche, um wieder fahrtüchtig zu werden und die Bücherwand müsste auch mal wieder abgestaubt werden. Obwohl die digitale Welt unser Leben erleichtern soll, sind wir ständig damit beschäftigt, ihre Infrastruktur am

Laufen zu halten. Wir sind umgeben von Dingen, die unsere Aufmerksamkeit fordern. Wir sind „gesättigt" von der Welt und brauchen Gott gar nicht. Wir kommen gut ohne ihn aus und empfinden es als Belästigung, wenn im übertragenen Sinne ein Bote Gottes mit einer Einladung an unsere Tür klopft. Alles ist uns wichtiger als das Verhältnis zu Gott. Die Jagd nach Geld, Grundstücken und gesellschaftlichem Status hindern uns, die Einladung unseres Lebens anzunehmen. Wir sind mit den Dringlichkeiten unseres Alltags so sehr beschäftigt, dass wir gar nicht mehr dazu kommen, die Frage nach dem Sinn und Zweck unseres Daseins zu stellen.

- **Auf welche Verpflichtungen Ihres Alltags würden Sie am liebsten verzichten? Was würden Sie stattdessen gern tun?**

Gott lädt uns zu einem Festmahl ein und eigentlich gibt es hier gar keine Frage, wie man auf diese Einladung reagiert: Man geht hin! So ist das Bild, das Jesus von Gott vermitteln will. Diese Konsequenz können wir aus diesem Gleichnis ziehen. Doch Gott spricht uns selten direkt an, indem er einen Boten mit einer Einladung zu uns schickt. Die Ansprache ist nicht so klar, wie sie in diesem Gleichnis dargestellt wird. Die Begegnung mit dem Geheimnisvollen findet eher sanft und unscheinbar statt. Es ist an den Orten, die man in seiner Geschäftigkeit selten aufsucht und schnell übersieht. Man braucht Aufmerksamkeit und geschärfte Sinne, um das Heilige zu erkennen, wenn es zurückhaltend und leise an die Lebenstür klopft. Wir sind oft mit unserem lärmenden Alltag so sehr beschäftigt, dass wir gar nicht mehr aufmerksam sind und dieses Anklopfen überhören. Wir sind nicht mehr sensibel für solche besonderen Momente, in denen wir aus allem heraustreten könnten. Es ist eine Frage, die uns aus diesem Gleichnis entgegenkommt: Wie viel Spielraum haben wir, um aus unseren Alltagsgeschäften heraustreten und in den „Festsaal Gottes" zu kommen? Wie groß muss die

Erschütterung sein, damit wir an etwas anderes denken als an unseren Besitz, unsere Pläne und Termine?

Unsere Fähigkeit ist sehr hoch entwickelt, Dinge auszublenden, die in unsere persönliche Welt nicht hineinpassen. Wir ändern sogar die Wahrheit, damit sie in unseren Alltag passt. Das ist ein Schutz vor Unbekanntem, dem Unwägbaren und dem nicht Planbaren. Die Sicherheit, die wir dadurch gewinnen, ist trügerisch. Wir haben das Gefühl, im Leben voranzukommen. Wir arbeiten für Karriere, Titel und Geld. Aber zu welchem Zweck? Der Sinn unseres Lebens bleibt äußerlich und ohne Inhalt. Das schönste und größte Haus ist zu nichts zu gebrauchen, wenn man es nicht mit guten und sinnvollen Dingen füllt. So ist es auch mit unserem Leben: Alle Sicherheit und der erreichte Status bedeuten gar nichts, wenn wir nicht wissen, wozu. Es reicht nicht aus, in der Öffentlichkeit ein gutes Ansehen zu haben, um glücklich zu sein. Man braucht ein Angesehen-Sein der eigenen Seele. Dafür müsste man sich aber aus seinem „Lebensplan" und seinen Alltagsgeschäften herausbringen lassen. Man müsste der Einladung folgen und zum Festmahl Gottes kommen.

- **Was könnte Sie dazu bringen, Ihre Pläne für den Tag über den Haufen zu werfen?**

Das Festmahl Gottes findet ohne die Frommen statt, die zuerst angesprochen wurden. Es ist überraschend, dass wildfremde Menschen von der Straße eingeladen werden. Natürlich hat dieses Gleichnis den Zorn der Pharisäer und Schriftgelehrten, der rechtgläubigen und angesehenen Juden ausgelöst. Sie haben die Spitze sehr wohl verstanden, die Jesus in diesem Gleichnis gegen sie loslässt. Sie sind eigentlich eingeladen zu Gottes Festmahl, kommen aber nicht, weil sie zu beschäftigt sind. Jesus wirft ihnen vor, dass sie zwar ernsthaft in den Schriften forschen und alles dafür tun, um die Regeln des Glaubens einzuhalten. Während sie geschäftig jeden Aspekt ihres Alltags nach dem Gesetz ordnen, verpassen sie aber den Kern dessen, wofür der Glaube steht. Während sie noch glauben, die Ehrenplätze an Gottes Tafel einzunehmen, sind die Boten Gottes bereits unterwegs, um die Menschen zum Festmahl zu holen, die eigentlich unwürdig sind und zu den Sündern gehören. Man kann sich vorstellen, wie Jesus eisiges Schweigen entgegenschlug, als er fertig war. Er hat dieses Gleichnis nämlich erzählt, als er bei einem angesehenen Pharisäer am Wochenende zum Essen eingeladen war. Die Runde der Eingeladenen blickte betreten zu Boden. Entweder, weil sie sich ertappt fühlten oder weil sie zornig waren und insgeheim diesen selbsternannten Propheten zum Teufel gejagt hätten.

Das Gleichnis geht aber über die damalige Auseinandersetzung zwischen Jesus und Pharisäern hinaus. Es hat eine zeitlose Dimension. Auch heute gibt es die gleiche Frage: Wer ist zum Festmahl Gottes eingeladen? Die einfache Antwort: Alle, die es nötig haben. Auch heute werden Menschen aus der Gesellschaft ausgeschlossen, weil sie bestimmten oft recht willkürlichen Vorgaben nicht entsprechen. Wir nennen sie nicht wie damals „Sünder", „Samaritaner" oder „Zöllner", weil es eine politisch korrekte Sprachregelung gibt. Aber unsere Gesellschaft schließt heute immer noch Menschen aus, die nicht dem Standard entsprechen. Es ist ein sehr schöner Zug dieses Gleichnisses, dass gerade die Menschen völlig überraschend zum Festmahl eingeladen werden, die gar nicht damit gerechnet haben. Vielleicht ist es das erste Mal, dass sie ausgelassen feiern, sich verwöhnen lassen dürfen und die verschwenderische Fülle erleben, die das Leben zu bieten hat. Umso mehr werden sie die Einladung als Ehre empfinden und die Feier als ein ganz besonderes Ereignis erleben, weil sie normalerweise keinen Zugang dazu haben.

- **Was war das üppigste Festmahl, zu dem Sie je eingeladen wurden?**

Der Bote kommt, um zum Festmahl einzuladen. Übersetzt heißt das: Das Reich Gottes ist gerade im Entstehen begriffen. Das ist eine Aussage, die Jesus immer wieder trifft und er will mit ihr Mut machen: Diese Welt mag noch so dunkel erscheinen, aber sie wird es nicht bleiben. Da ist schon der Silberstreif des neuen Morgens am Horizont zu sehen, der die Nacht vertreiben wird. Das Reich Gottes wird überall dort sichtbar, wo Menschen in ihrem Alltagsgeschäft innehalten und begreifen, dass es Wichtigeres gibt. Dort, wo Menschen aus der Fremdbestimmung herauskommen und zu sich selbst finden.

Jesus sagt, dass von Gottes Seite her alles bereit ist und das Gastmahl beginnen kann. Man soll die Menschen von der Straße nötigen, hereinzukommen. Leider hat man in der Kirchengeschichte gerade diese Aussage in ihr Gegenteil verkehrt. Man meinte damit begründen zu können, Menschen mit Gewalt und Zwangsmaßnahmen zum Christentum zu bekehren. Ganze Völker hat man genötigt, sich gegen ihren Willen taufen zu lassen. Jesus hat aber etwas völlig anderes gemeint. Er wollte sagen, dass man nicht länger warten soll, das Reich Gottes in unserer Mitte anbrechen zu lassen. Warten können nur diejenigen, die wohlversorgt sind und keine Sorge haben müssen, die nächsten Tage genug zu essen zu haben. Sie können Pläne für eine ferne Zukunft schmieden. Menschen, die im Elend leben oder keine Sicherheit kennen, können nicht warten. Für sie geschieht das Leben jetzt und nicht in irgendeiner Zukunft. Genauso konkret darf man diese Worte von Jesus verstehen: Das Reich Gottes bricht überall dort an, wo unsere Hände bereitwillig geben.

Jesus steht ganz auf der Seite der ausgegrenzten und am Rande der Gesellschaft lebenden Menschen. Das zeigt der letzte Vers, der eine Warnung enthält: Es gibt ein „Zu spät“! Irgendwann sind die Plätze belegt und dann wird die Tür zugesperrt. Damit ist nicht gemeint, dass man in die Hölle wandert, weil man anderen zu wenig geholfen hat. Es ist eher ein pädagogischer Nachsatz, der animieren soll, die Hände nicht einfach in den Schoß zu legen. Wir sollen nicht länger warten und weiter unserer eigenen Agenda folgen, sondern der Not dieser Welt entgegentreten.

- **Was wollen Sie unbedingt noch einmal in Ihrem Leben tun?**

Hier ist Platz für Ihre eigenen Notizen.

12 Von den bösen Weingärtnern

Markus 12,1-12

- **Haben Sie jemandem etwas geliehen und nicht zurückbekommen? Wie sind Sie damit umgegangen?**

1 Und er fing an, zu ihnen in Gleichnissen zu reden: Ein
Mensch pflanzte einen Weinberg und zog einen Zaun darum
und grub eine Kelter und baute einen Turm und verpachtete
ihn an Weingärtner und ging außer Landes. 2 Und er sandte, als
die Zeit kam, einen Knecht zu den Weingärtnern, damit er von
den Weingärtnern seinen Anteil an den Früchten des
Weinbergs nähme. 3 Da nahmen sie ihn, schlugen ihn und
schickten ihn mit leeren Händen fort. 4 Abermals sandte er zu
ihnen einen andern Knecht; dem schlugen sie auf den Kopf und
schmähten ihn. 5 Und er sandte einen andern, den töteten sie;
und viele andere: die einen schlugen sie, die andern töteten sie.
6 Da hatte er noch einen, den geliebten Sohn; den sandte er als
Letzten zu ihnen und sagte sich: Sie werden sich vor meinem
Sohn scheuen. 7 Sie aber, die Weingärtner, sprachen
untereinander: Dies ist der Erbe; kommt, lasst uns ihn töten, so
wird das Erbe unser sein! 8 Und sie nahmen ihn und töteten
ihn und warfen ihn hinaus vor den Weinberg. 9 Was wird nun
der Herr des Weinbergs tun? Er wird kommen und die
Weingärtner umbringen und den Weinberg andern geben. 10
Habt ihr denn nicht dieses Schriftwort gelesen: »Der Stein, den
die Bauleute verworfen haben, der ist zum Eckstein geworden.
11 Vom Herrn ist das geschehen und ist ein Wunder vor unsern

Augen«? 12 Und sie trachteten danach, ihn zu ergreifen, und fürchteten sich doch vor dem Volk; denn sie verstanden, dass er auf sie hin dies Gleichnis gesagt hatte. Und sie ließen ihn und gingen davon.

Jesus erzählt dieses Gleichnis in Anlehnung an das sogenannte Weinberglied des Propheten Jesaja (Jesaja 5,1-7). Dort legt Gott einen Weinberg an, der trotz bester Voraussetzungen und Pflege nur schlechte Früchte bringt. Der Weinberg steht für Israel, das die Erwartungen Gottes nicht erfüllt. Hier ist es ähnlich, nur dass der Fokus nicht auf den schlechten Trauben liegt, sondern auf den unwilligen Pächtern des Weinbergs. Es ist eindeutig, dass Jesus die Pharisäer, Sadduzäer und Schriftgelehrten meint, mit denen er immer wieder aneinandergeraten ist. Mit diesem Gleichnis treibt er die Konfrontation mit den Jerusalemer Autoritäten auf die Spitze.

Die Ursache des Konflikts: Die Pächter des Weinbergs wollen nicht zahlen. Das ist für die Zuhörer nicht überraschend, denn sie haben aus ihrer Perspektive die ganze Arbeit und müssen dem Besitzer, der keinen Finger krumm gemacht hat, einen Anteil abgeben. Es kam tatsächlich vor, dass Pächter den Sklaven mit einer blutigen Nase wieder nach Hause zu seinem Herrn schickten. Wie an anderer Stelle schon beschrieben, stehen den Zuhörern sicherlich die Verhältnisse in Galiläa vor Augen: Das Land ist bis heute außerordentlich fruchtbar und ertragreich. Rund um den See wird es bewirtschaftet, aber die Menschen, die dort lebten, hatten nichts davon. Der größte Teil der Ländereien war den ursprünglichen Besitzern weggenommen und von der römischen Besatzungsmacht als Latifundien an Großgrundbesitzer aus der Oberschicht abgegeben worden. Die Kleinbauern hatten nur kleine Parzellen und lebten am Existenzminimum oder verdingten sich auf den Flächen als Arbeitskräfte. Sie hatten gar nicht die Möglichkeiten, einen Weinberg anzupflanzen. Das konnten nur Großgrundbesitzer und wohlhabende Bauern, die mehr als nur einem Acker besaßen.

- **Welchen Eindruck gewinnen Sie vom Besitzer des Weinbergs?**

Eine Sache fällt in der Einleitung auf, die recht ungewöhnlich ist. Normalerweise hat der Gutsbesitzer seine Tagelöhner und Sklaven, die die Arbeit für ihn machen. Aber diesen Weinberg pflanzt er mit seinen eigenen Händen an. Geradezu detailverliebt wird beschrieben, was er alles macht: Er pflanzt den Weinberg, zieht einen Zaun, gräbt eine Kelter zum Auspressen der Trauben und baut einen Wachtturm, in dem der ausgepresste Saft gelagert wurde. Alles mit den eigenen Händen.

Jesus will schon in der Einleitung deutlich machen, dass die Pächter diesen Weinberg nicht angelegt haben. Sie haben sich „ins gemachte Nest“ gesetzt und alles schon so vorgefunden, dass sie sofort Erträge einfahren können. Das kann man auf die eigene Sicht auf die Welt übertragen: Oft haben wir nur den Blick auf das, was wir alles leisten, vergessen aber, dass Gott das Wesentliche unseres Lebens vorbereitet hat, noch bevor man selbst den ersten Handschlag tut. Natürlich stimmt dieser Blick auf die eigene Anstrengung. Wie die Pächter den Weinberg umhegen und pflegen, um Erträge zu gewinnen, müssen wir auch eine Menge tun, um die „Erträge“ unseres Lebens „einzufahren“. Darauf liegt meist unser Augenmerk und nach dieser Devise gehen wir miteinander um: Leistungsbereitschaft, Arbeitskraft, Bildung und Fleiß garantieren den beruflichen und gesellschaftlichen Erfolg. Wir beurteilen einander nach der Volksweisheit: „Jeder ist seines eigenen Glückes Schmied.“ und „Das Glück belohnt den Tüchtigen.“ Umgekehrt dann genauso: Wer nicht erfolgreich ist, ist selbst schuld. Leider vergessen wir, was in unserem Gleichnis so selbstverständlich gesagt wird: Der Weinberg stammt nicht von uns. Wir haben ihn nicht angelegt. Auf unser Leben übertragen: Gott hat die Voraussetzungen geschaffen, mit denen wir erfolgreich sein können. Die Grundlage unseres Wohlstands und Erfolgs haben wir nicht selbst geschaffen, sondern vorgefunden. Einige Beispiele für diese Grundlage, auf die wir nicht den geringsten Einfluss haben: Wir sind in Deutschland geboren und nicht in Eriträa oder dem Südsudan. Wir leben als Mann oder Frau in einem Land, das viel Wert auf Gleichberechtigung der Geschlechter legt. Es macht aber einen erheblichen Unterschied, ob man als Sohn oder Tochter eines Beduinen in der saudischen Wüste geboren wird. Erfolg oder Misserfolg im Leben hängt davon ab, ob man liebevolle, finanzkräftige und unterstützende Eltern hat oder nicht. Ein gutes Zuhause und Bildung sind wichtige Voraussetzungen, auf die man keinen Einfluss hat. Es ist auch ein Unterschied, wann man geboren wird: Die Voraussetzungen für ein glückliches Leben waren im 11. Jahrhundert wesentlich schlechter als heute. Alle diese Voraussetzungen kann man als „Startkapital Gottes" verstehen, das er uns buchstäblich in die Wiege gelegt hat.

- **Überlegen Sie gemeinsam, welche guten oder auch schlechten Startbedingungen Sie im Leben hatten!**

Dann geht der Gutsbesitzer außer Landes auf Reisen. Das machten alle Großgrundbesitzer so. Sie verpachteten das Land oder ließen es von Tagelöhnern und Sklaven bewirtschaften. Nur einmal im Jahr schauten sie vorbei, um die Ernte einzukassieren. Wie oben schon erwähnt, war es gar nicht abwegig, dass die Pächter den Sklaven verprügeln, den der Besitzer schickt. So etwas kam in der Realität damals vor. Dem nächsten Sklaven ergeht es schlimmer als dem ersten. Die Geschichte wird brutaler. Diagnose: Schwere Kopfverletzung. Im dritten Schritt wird die Geschichte unrealistisch und fällt aus dem Rahmen. Der dritte Sklave wird getötet und trotzdem schickt der Besitzer weitere Sklaven hin, um seinen Anteil einzutreiben. Spätestens nachdem der zweite Sklave mit schweren Verletzungen zurückgekommen ist, würde der

Großgrundbesitzer seine Beziehungen spielen lassen und ein paar römische Soldaten vorbeischicken, um den renitenten Pächtern auf die Finger zu klopfen. Aber dieser Gutsherr tut das nicht. Hier zeigt sich die unendliche Geduld, die Gott hat. Er ist so zurückhaltend, wie man sich keinen Menschen vorstellen kann. Immer wieder schickt er seine Leute – so versteht Jesus die Geschichte seines eigenen Volkes: Die Propheten stehen für die „Sklaven", die er immer wieder zu Israel gesandt hat, um sie auf den richtigen Weg zurückzuführen. Doch die Israeliten haben nicht gehört, sie verfolgt und getötet. Offensichtlich rechnen die Pächter nicht damit, dass der Gutsherr Maßnahmen gegen sie ergreifen wird. Schließlich ist er weit weg in einem fremden Land. Die Weinbergpächter scheinen wirklich zu glauben, dass sie den Weinberg in ihren Besitz bringen können, wenn sie den Erben töten. Hier zeigt sich die ganze Überheblichkeit, Ignoranz und Verleugnung, zu der Menschen fähig sind, denn die wahren Konsequenzen erzählt Jesus in dem Gleichnis auch: Der Weinbergbesitzer wird kommen, die Pächter töten und den Weinberg anderen geben.

In unserem Gleichnis ist dieser Denkfehler ganz offensichtlich. Im echten Leben ist er nicht sofort erkennbar, aber bis heute machen ihn viele Menschen. Sie glauben, dass Gott weit weg ist oder gar nicht existiert. Etwas allgemeiner könnte man formulieren: Viele Menschen glauben, sie könnten alle zwielichtigen Geschäfte und moralisch fragwürdigen Deals abschließen, solange es niemand mitbekommt. Solange sie keine Konsequenzen für ihre Betrügereien und Bestechungen zu befürchten haben, sind sie in Ordnung. Selbst im Kleinen ist das so: Wer hatte nicht schon einen Kratzer, eine Beule oder einen abgefahrenen Seitenspiegel an seinem Auto, ohne dass sich der Verursacher gemeldet hätte? Wenn man glaubt, für sein Fehlverhalten nicht zur Rechenschaft gezogen zu werden und einen Vorteil davon hat, ist zu vielen Kompromissen bereit und lässt bei seinen moralischen Vorstellungen und Prinzipien „Fünfe gerade sein".

- **Hat Ihnen jemand Ihren Besitz/Ihr Erbe streitig gemacht? Wie ist es ausgegangen?**

In unserem Gleichnis entsteht der Konflikt, weil die Pächter aus irgendeinem Grund glauben, sie hätten einen Besitzanspruch auf den Weinberg. Das befähigt sie zu allen möglichen grausamen Taten, bis hin zum Mord an einem völlig unschuldigen Menschen. Jeder, der die Überlegungen der Weinbergpächter hier liest, wird sofort den Kopf schütteln und denken: „Wie kann man sich nur so sehr verrennen?" Von außen betrachtet fällt einem die Illusion sofort auf, der sie unterliegen. Selbstverständlich wird ihre Gewalt nur weitere Gewalt provozieren. Der Gutsbesitzer wird sie alle umbringen und seinen Weinberg anderen geben, die hoffentlich einsichtiger sind.

Wir müssen uns fragen, auf welche Stimme wir hören wollen. Auf die Stimme der Weinbergpächter, die uns einflüstert, wir könnten uns zu Herrschern aufschwingen. Dann sind wir dem Untergang geweiht. Oder auf die Stimme Jesu, die uns eine Grundlage sein will, das Leben so zu leben, dass es wahrhaftig, ehrlich und menschenfreundlich ist. Warum ist es nur so schwer anzuerkennen, dass diese Welt uns nicht gehört? Wenn wir es täten, hätten wir eine feste und tragfähige Grundlage für unser Leben. Wir wären von Gott Beschenkte.

- **Wo wurden Sie in Ihrem Leben von Gott beschenkt? Wem könnten Sie im Namen Gottes eine Freude machen?**

Hier ist Platz für Ihre eigenen Notizen.

13 Von den klugen und törichten Jungfrauen

Matthäus 25,1-13

- **Haben Sie in der Vergangenheit vergessen, etwas Wichtiges für eine Reise einzupacken? Was haben Sie gemacht, als Sie es bemerkten?**

1 Dann wird das Himmelreich gleichen zehn Jungfrauen, die
ihre Lampen nahmen und gingen hinaus, dem Bräutigam
entgegen. 2 Aber fünf von ihnen waren töricht und fünf waren
klug. 3 Die törichten nahmen ihre Lampen, aber sie nahmen
kein Öl mit. 4 Die klugen aber nahmen Öl mit in ihren Gefäßen,
samt ihren Lampen. 5 Als nun der Bräutigam lange ausblieb,
wurden sie alle schläfrig und schliefen ein. 6 Um Mitternacht
aber erhob sich lautes Rufen: Siehe, der Bräutigam kommt! Geht
hinaus, ihm entgegen! 7 Da standen diese Jungfrauen alle auf
und machten ihre Lampen fertig. 8 Die törichten aber sprachen
zu den klugen: Gebt uns von eurem Öl, denn unsre Lampen
verlöschen. 9 Da antworteten die klugen und sprachen: Nein,
sonst würde es für uns und euch nicht genug sein; geht aber zu
den Händlern und kauft für euch selbst. 10 Und als sie
hingingen zu kaufen, kam der Bräutigam; und die bereit waren,
gingen mit ihm hinein zur Hochzeit, und die Tür wurde
verschlossen. 11 Später kamen auch die andern Jungfrauen und
sprachen: Herr, Herr, tu uns auf! 12 Er antwortete aber und
sprach: Wahrlich, ich sage euch: Ich kenne euch nicht. 13
Darum wachet! Denn ihr wisst weder Tag noch Stunde.

Jemand, der dieses Gleichnis zum ersten Mal liest, muss es sehr hart und sogar ungerecht finden. Fünf Jungfrauen werden wegen einer Lappalie abgewiesen. Eigentlich ist nicht einzusehen, dass sie nicht mehr eingelassen werden, nur weil sie etwas später als die anderen kommen. Eine solche Abweisung gerade bei der Frage, wer in das Himmelreich kommt, macht Angst, setzt unter Druck und wirft bei jedem Leser die Frage auf, ob er selbst zu den Klugen oder Dummen gehört.

Es ist auch nicht einzusehen, dass die als klug bezeichneten Jungfrauen nichts von ihrem Öl abgeben. Sollte es nicht möglich sein, zu teilen und den unglücklichen Jungfrauen zu helfen? Das ist doch die christliche Haltung, die auch im Speisungswunder (Matthäus 14,13-21) sichtbar wird: Gott kann aus Mangel Überfluss schaffen. Aber sie behalten alles für sich selbst, was der normale Umgang in unserer Gesellschaft ist, aber nicht der Umgang zwischen Christen sein sollte.

Es fällt auch auf, dass das Fazit des Gleichnisses im Vers 13 nicht zum Inhalt passt. Da wird zum Wachbleiben aufgerufen, aber alle Jungfrauen, nicht nur die törichten, schlafen ja ein. Im Gleichnis geht es darum, dass die eine Gruppe der Mädchen Ersatzöl mitgebracht hat und damit rechnet, dass es länger dauern kann, bis der Bräutigam kommt. Die andere Gruppe tut das nicht. Es geht um dumm und klug, nicht um schläfrig oder wachend.

Es ist irritierend, dass der Evangelist im Vers 13 eine eigene Deutung für das Gleichnis einfügt, die so gar nicht zum Inhalt passen will. Sein Problem ist, dass Jesus tatsächlich geglaubt hat, das Himmelreich Gottes sei im Anbrechen. Auch die ersten Christen glaubten, dass es nicht mehr lange dauern wird, bis Gott sich der ganzen Welt offenbart. Je länger diese Wiederkunft auf sich warten ließ, wurden die Gläubigen unsicher. Im 1. Thessalonicherbrief kann man von den ersten Irritationen lesen: Christen sind gestorben – was geschieht nun mit ihren Seelen? Wo sind sie bis zur Wiederkunft des Herrn? (1. Thessalonicher 4,13-18) Für den Autor des Matthäusevangeliums, der etwa 40 Jahre nach Tod und

Auferweckung von Jesus schreibt, gibt es das Problem, dass die erste Begeisterung nachgelassen hat und die Christen sich fragen, warum der Christus immer noch nicht zurückgekehrt ist. Die Wiederkunft zieht sich hin. (In der theologischen Fachsprache sagt man dazu „Parusieverzögerung". Es gibt einige Stellen im Neuen Testament, die versuchen zu erklären, warum Jesus „auf sich warten" lässt.) Wie aber soll man damit leben, dass sich die ursprüngliche Naherwartung nicht erfüllt? Wie beeinflusst diese Erkenntnis, dass Jesus offenbar nicht so bald wiederkommt, den Glauben der christlichen Gemeinde? Der Evangelist hat den Akzent dieses Gleichnisses verlagert: Die Rückkehr von Jesus verzögert sich, aber die Christen sollen wachsam bleiben. Das bedeutet, sie sollen Geduld haben und so leben, als könnte Gott jederzeit kommen. Der Glaube ist auch dazu da, um ihr Leben dauerhaft zu prüfen. Diese Deutung, so verständlich sie zur Zeit des Evangelisten ist, verlagert den Sinn des Gleichnisses zu einer moralischen Anweisung für ein aufmerksames und auf Gott ausgerichtetes christliches Leben. Das ist eine wertvolle Botschaft auch für uns heute: Angesichts der sehr diesseitig eingestellten Gesellschaft, die nicht mit dem Kommen Gottes rechnet, ist dies eine ermutigende Botschaft: Es gibt Gott und er greift in unser Leben ein. Man muss nur die Augen offenhalten und Ausschau nach ihm halten.

- **Welche Alltagssituation steht im Hintergrund des Gleichnisses? Was sagt es über Gott aus?**

Jesus wählt einen fröhlichen Anlass: Eine Hochzeit, zu der alle zehn Jungfrauen eingeladen sind. Sie haben sogar eine besondere Aufgabe, die ihre Stellung in der Hochzeitsgesellschaft hervorhebt und ihnen besondere Ehre zuteilwerden lässt. So stellt Jesus sich Gott vor: Er lädt uns Menschen zu sich ein wie zu einem fröhlichen Fest. Fröhliche Anlässe wählt Jesus immer wieder, um die Beziehung zwischen Gott und

Mensch zu beschreiben: Ein Vater hält für seinen Sohn ein Gastmahl. Alles ist bereit und nun geht es im Gleichnis nur noch um die Frage, wie sich die Menschen zu dieser Einladung stellen.

Hier ist es ähnlich. Die „Bühne“ des Gleichnisses steht fest: Ein Bräutigam hält Hochzeit und die Jungfrauen sollen die Braut in das Haus des Bräutigams geleiten. Jetzt geht es nur noch um die Frage, welche der Jungfrauen sich klug und welche sich dumm verhält. Diese Frage wird am Anfang gestellt und wirft bei den Hörern sofort die Frage auf, ob sie selbst zu den „Dummen“ oder den „Klugen“ gehören.

- **Halten Sie sich selbst für klug oder dumm? Was ist mit dieser Unterscheidung im Gleichnis gemeint?**

Die Hochzeit findet statt und die Verheißung, daran teilnehmen zu können, steht die ganze Zeit im Raum. Trotzdem werden fünf von den zehn Jungfrauen abgewiesen, weil sie etwas Selbstverständliches versäumen. Jedes Kind weiß damals, dass man zu den kleinen und leichten Lämpchen Öl zum Nachfüllen mitnehmen muss. Es ist so, als würde man vergessen zu tanken, bevor man eine lange Reise mit seinem PKW antritt. Dieses Versäumnis ist fahrlässig und vermeidbar. Jedem Menschen, so offenbar die Meinung von Jesus, stellt sich eine ähnliche Situation im Leben: Man kann aus Fahrlässigkeit die Einladung zu einem glücklichen Leben unwirksam machen. Die Chance zu einem erfüllten Leben kann man durch eigene Dummheit liegen und ungenutzt an sich vorbeiziehen lassen. Es gibt viele Männer, die geschieden sind und ein bestenfalls gespaltenes Verhältnis zu ihren Kindern haben, weil sie zu sehr mit ihrer Karriere beschäftigt und zu selten zu Hause waren. Im Rückblick würden sie es am liebsten ungeschehen machen, aber es ist zu spät.

Zu einem ähnlichen Fazit kommt das Gleichnis: Die fünf Jungfrauen kommen zu spät und werden nicht mehr eingelassen. Das ist das Gefühl, das viele Menschen haben: Ausgeschlossen zu sein. Ständig sind andere vor ihnen da, die die Plätze einnehmen, die ihnen eigentlich zustehen würden. Während ihnen alle Türen versperrt bleiben, gehen andere hindurch. Diese Wahrnehmung der Ungerechtigkeit und Benachteiligung stimmt sogar. Aber bei Gott ist es nicht so. Alle sind eingeladen und sollen am Hochzeitsmahl des Bräutigams teilnehmen. Niemand soll ausgeschlossen bleiben. Das Einzige, was passieren kann: Man macht entscheidende Fehler und bereitet sich nicht angemessen auf dieses Ereignis vor. Man tut nicht alles, was nötig ist und verbaut sich selbst den Weg. Vielleicht erfindet man immer wieder Ausreden oder verschiebt seine Teilnahme, bis es dann wirklich zu spät ist.

Ein Beispiel: Ein Ehepaar hatte große Pläne für den Ruhestand. Sie wollten eine große Kreuzfahrt um die Welt machen. Alle schönen Dinge verlegten sie in die verheißungsvolle Zukunft des Rentnerdaseins. Diese wundervollen Pläne wurden zunichte, als die Frau Krebs bekam und wenige Monate später starb. Da war es plötzlich zu spät für die wunderbaren Sachen, die man sich vorgenommen hatte. So kann es auch mit dem Glauben sein, den man immer auf die lange Bank schiebt. Deshalb erzählt Jesus dieses Gleichnis mit einer Dringlichkeit, die gleich am Anfang klarstellt: Es gibt ein dummes und kluges Verhalten und wir müssen uns zu dieser Grundsatzfrage verhalten, wie wir unser Leben gestalten wollen. Später werden wir keine Chance mehr dazu haben.

- **Welche Situationen gab es in Ihrem Leben, in denen Sie zu spät gehandelt haben oder zu lange gezögert?**

Jesus spricht in diesem Gleichnis geradezu ungeduldig. Es geht ihm nicht um eine Verzögerung des Kommens Gottes, sondern um das Glück für den heutigen Tag. Er wollte nicht, dass wir die entscheidenden Dinge des Lebens vertagen. Das Leben lebt man jetzt und nicht in einer imaginären Zukunft, die auch ganz anders werden kann, als man sich vorstellt. In der Bergpredigt sagt Jesus, dass wir uns nicht um den morgigen Tag sorgen sollen. Wir sollen heute richtig leben. Dieser Gedanke hat handfeste politische und gesellschaftliche Konsequenzen. Nehmen wir das Politische: Man müsste Gesetze schaffen, um den Reichtum besser zu verteilen, sodass die Allgemeinheit davon profitiert. Wir bräuchten Reformen, damit auch zukünftige Generationen gut leben können. Das alles wird aber vertagt auf eine unbestimmte Zukunft oder nur halbherzig gemacht. Irgendwann ist der Zeitpunkt verpasst. Dann ist es zu spät, um das Zusammenleben noch aktiv selbst zu gestalten. Dann ist man der Entwicklung und der Machtkonzentration in wenigen Händen hilflos ausgeliefert.

Gleiches gilt für unsere Art des Wirtschaftens auf Kosten der Natur und Umwelt: Jeder weiß seit Jahrzehnten, dass es so nicht weitergehen kann. Trotz der vielen Konferenzen werden Ökosysteme unwiederbringlich zerstört und verschwinden Tierarten vom Angesicht unseres Planeten. Heute zu leben heißt, heute zu tun, was nötig ist, um auch morgen noch glücklich sein zu können.

- **Wofür steht das Öl in den Lampen?**

Einen Aspekt des Gleichnisses haben wir noch nicht betrachtet, der aber zentral ist: Dreh- und Angelpunkt für die Beurteilung der zehn Jungfrauen ist das Öl. Die eine Gruppe hat daran gedacht, die andere nicht. Das Öl ist so etwas wie der Gradmesser unserer Beziehung zu Gott. Es könnte für das Vertrauen stehen, das ich zu Gott habe. Ohne dieses Vertrauen geht das Licht einfach aus und man sitzt im Dunkeln. Zum Vertrauen gibt es keine vernünftige Alternative. Man kann auf seine Fähigkeiten, seine Stärke, seine Kreativität, seine Verwandten und Freunde vertrauen. Man kann auch auf sein Geld vertrauen, das man im Laufe seines Lebens angehäuft hat – und viele Menschen tun das auch. Aber das alles hat seine Grenzen. Reichtum, Macht, Status und Karriere können durch Krisen oder sonstige Erschütterungen des Lebens zunichtegemacht werden. Schließlich mündet unser Leben in den Tod, der alles zunichtemacht, worauf man seine Hoffnungen auf ein gutes Leben setzt. Es ist die größte Erschütterung, wenn man schließlich erkennt, dass man gegen den Tod nicht ankommt. Worauf soll man vertrauen? Unser Gleichnis sagt: Man kann nicht aus sich selbst heraus leben. Jeder braucht etwas zum „Nachfüllen". Das, was schon drin ist, reicht nicht aus. Unsere Kräfte sind begrenzt. Aber wenn man nur auf sie setzt, vertut man seine Chance auf ein erfülltes und glückliches Leben.

Man kann es auch psychologisch deuten: Aus lauter Angst, die man über Jahre verinnerlicht hat, ist man nicht vorbereitet, wenn der Bräutigam erscheint. Weil man noch nie auf sein eigenes Herz gehört hat, sondern immer nur auf die äußeren Stimmen, die einem sagen, was man tun soll, zögert man und sagt: „Lieber nicht". Dann kann es zu spät sein und man verpasst die Chance, ein wahrhaftiges, erfülltes und ehrliches Leben zu führen. Dann mauert man sich in die Ängste und Unwahrheiten ein, ohne je wirklich gelebt zu haben. Dieses Vertrauen in eine Macht der Liebe und den Mut zur eigenen Wahrhaftigkeit kann man sich nicht von anderen ausleihen, wie man sich Öl oder Eier vom Nachbarn borgt. Es gibt keine „geliehenen Leben", sondern jeder muss sein Leben selbst leben. Insofern ist die Weigerung der klugen Jungfrauen auch eine Aufforderung, nicht länger den Einflüsterungen und Vorschlägen zu glauben, die uns sagen wollen, wie man glücklich wird. Glücklich wird man nur, wenn man anfängt sich selbst zu glauben und der Stimme der Liebe, die uns zuruft: „Du bist eingeladen!"

- **Was müssten Sie tun, um glücklicher zu leben?**

Hier ist Platz für Ihre eigenen Notizen.

14 Von den anvertrauten Pfunden

Lukas 19,11-27

- **Haben Sie eine Vorsorgevollmacht ausgefüllt? Haben Sie für Verwandte oder Eltern die gesetzliche Betreuung übernehmen müssen? Wie ging es Ihnen damit?**

11 Als sie nun zuhörten, sagte er ein weiteres Gleichnis; denn er war nahe bei Jerusalem und sie meinten, das Reich Gottes werde sogleich offenbar werden. 12 Und er sprach: Ein Mann von edler Herkunft zog in ein fernes Land, um ein Königtum zu erlangen und dann zurückzukommen. 13 Der ließ zehn seiner Knechte rufen und gab ihnen zehn Pfund und sprach zu ihnen: Handelt damit, bis ich wiederkomme! 14 Seine Bürger aber waren ihm feind und schickten eine Gesandtschaft hinter ihm her und ließen sagen: Wir wollen nicht, dass dieser über uns herrsche. 15 Und es begab sich, als er wiederkam, nachdem er das Königtum erlangt hatte, da ließ er die Knechte zu sich rufen, denen er das Geld gegeben hatte, um zu erfahren, was sie erhandelt hätten. 16 Da trat der erste herzu und sprach: Herr, dein Pfund hat zehn Pfund eingebracht. 17 Und er sprach zu ihm: Recht so, du guter Knecht; weil du im Geringsten treu gewesen bist, sollst du Macht haben über zehn Städte. 18 Der zweite kam auch und sprach: Herr, dein Pfund hat fünf Pfund erbracht. 19 Zu dem sprach er auch: Und du sollst über fünf Städte sein. 20 Und der dritte kam und sprach: Herr, siehe da, hier ist dein Pfund, das ich in einem Tuch verwahrt habe; 21 denn ich fürchtete mich vor dir, weil du ein harter Mann bist;

du nimmst, was du nicht angelegt hast, und erntest, was du
nicht gesät hast. 22 Er sprach zu ihm: Mit deinen eigenen
Worten richte ich dich, du böser Knecht. Wusstest du, dass ich
ein harter Mann bin, nehme, was ich nicht angelegt habe, und
ernte, was ich nicht gesät habe, 23 warum hast du dann mein
Geld nicht zur Bank gebracht? Und wenn ich zurückgekommen
wäre, hätte ich's mit Zinsen eingefordert. 24 Und er sprach zu
denen, die dabeistanden: Nehmt das Pfund von ihm und gebt's
dem, der zehn Pfund hat. 25 Und sie sprachen zu ihm: Herr, er
hat doch schon zehn Pfund. 26 Ich sage euch aber: Wer da hat,
dem wird gegeben werden; von dem aber, der nicht hat, wird
auch das genommen werden, was er hat. 27 Doch diese meine
Feinde, die nicht wollten, dass ich über sie herrsche, bringt her
und macht sie vor mir nieder.

Wir haben bewusst diese Version des Gleichnisses für die Auslegung gewählt, weil sie weniger bekannt ist, aber einen wichtigen Aspekt enthält, der in der Parallele im Matthäusevangelium fehlt. Der Lukastext beginnt mit einem unbeliebten König, der außer Landes ging. Ihm schickt das Volk eine Gesandtschaft hinterher. Man kann recht eindeutig sagen, dass dieser Teil in der ursprünglichen Erzählung nicht vorgekommen ist. Er ist später ergänzt worden. Diese abgewandelte Einleitung hat eine historische Begebenheit zum Vorbild, die so eindrücklich gewesen sein muss, dass sie Eingang in dieses Gleichnis gefunden hat: Nachdem Herodes der Große, der König aus der Weihnachtsgeschichte, gestorben war, hinterließ er ein Testament. Einer seiner Söhne, nämlich Archelaos sollte nach ihm König sein. Um das Testament bestätigen zu lassen, musste Archelaos nach Rom zum Kaiser Augustus. Die judäische Bevölkerung dachte sich: Jetzt ist unsere Chance, die ungeliebte Königsfamilie loszuwerden und schickte ihrerseits eine Gesandtschaft nach Rom mit der Bitte, Archelaos nicht zum König zu krönen. Das Testament wurde aber bestätigt und Archelaos König. Der war so beleidigt, dass man ihn bei seinen „Vorgesetzten“ angeschwärzt hatte, dass er die vermeintlichen Verräter hinrichten ließ. Diese ganze Episode muss ihn nachhaltig geprägt haben, denn er wurde 10 Jahre später abgesetzt, weil er zu brutal regiert hat. Selbst 30 Jahre später war diese Geschichte immer noch im Bewusstsein der Bevölkerung und fand Eingang in die Version dieses Gleichnisses bei Lukas.

- **Welche Motivation könnte der Autor gehabt haben, diese Episode judäischer Geschichte mit dem Gleichnis zu verbinden? Spekulieren Sie ein wenig!**

Der Text scheint sagen zu wollen: „Erinnert euch, was vor 30 Jahren war. Damals versuchten die Leute selbst zu bestimmen, wer König im Land sein soll, aber es kam ganz anders.“ Auf Gott bezogen ist das immer eine Gefahr, in der wir stehen: Wir legen Gott fest auf unseren Katalog aus Vorstellungen, Moral und Wünschen. Wir wollen selbst bestimmen, wer „König unseres Lebens“ ist. Das klassische Beispiel: Solange alles gut in unserem Leben läuft und wir erfolgreich sind, schreiben wir das uns selbst und unserem Können, unserer Klugheit und unserer Weitsicht zu. Sobald die Karriere stockt und Krisen kommen, schaut man nach oben und klagt Gott dafür an. Das ist ein bestimmtes Bild von Gott, das keineswegs der Wirklichkeit entspricht.

Die Jünger stehen in der gleichen Gefahr. Jesus erzählt dieses Gleichnis vor den Toren Jerusalems und wenige Tage vor seiner Verhaftung. Aber selbst Petrus, Jakobus und Johannes, die mit Jesus am engsten verbunden sind, haben ihre eigenen Vorstellungen davon, was jetzt passieren muss und auf welche Weise das Königreich Gottes sichtbar werden soll. Und wehe, Jesus tut nicht das, was sie wollen.

Dann muss man eben nachhelfen. So lässt sich der Verrat des Judas erklären, der mit der Konfrontation zwischen Hohem Rat und Jesus hoffte, eine Entscheidung erzwingen zu können. So kann man die Handlung des Petrus interpretieren, der im Garten Gethsemane sein Schwert zog und einem Knecht des Hohenpriesters das Ohr abschlug. Er glaubte, jetzt beginnt der Volksaufstand gegen die Römer unter der Führung von Jesus. Es kam alles anders. Aus Sicht von Petrus lief plötzlich alles schief und er distanzierte sich von seinem Freund Jesus, obwohl er vorher bereit war, mit ihm in den Tod zu gehen. Seine eigenen Vorstellungen standen ihm wie Judas Iskariot im Weg und das traurige Fazit ist: Sie haben ihrem Freund und Vorbild Jesus nicht geholfen, sondern ihn verraten und verleugnet.

Das ist eine Gefahr bis heute: Man kann sich in seiner Frömmigkeit so einrichten, dass sie nichts weiter ist als eine Ideologie der Selbstbestätigung. Man tut sich nur noch mit Gleichgesinnten zusammen, schaut sich nur noch YouTube-Videos an, die die eigene Meinung bestätigen und verstärken. In dieser „Echokammer" ist bald kein Platz mehr für Menschen, die den eigenen Wertekanon nicht teilen. Obwohl man sich selbst für christlich, moralisch einwandfrei und tolerant hält, ist man es in Wirklichkeit gar nicht, denn die Toleranz gegenüber anderen ist an unausgesprochene Vorbedingungen geknüpft.

- **Über welche Nachrichtenkanäle informieren Sie sich, was in der Welt geschieht? Treffen Sie sich hin und wieder mit Menschen, die eine ganz andere Meinung vertreten als Sie?**

Diesen ersten Teil des Gleichnisses kann man also so interpretieren: Wir scheitern mit unserem Glauben, wenn er nur daraus besteht, unseren eigenen Willen an den Himmel zu projizieren und unsere Wünsche und Vorstellungen unendlich zu setzen.

Es gibt eine weitere Akzentverschiebung zwischen unserem Text und der Matthäusfassung: Dort steht das Gleichnis zwischen dem Gleichnis von den klugen und törichten Jungfrauen und dem Gleichnis vom Weltgericht. Der Autor legt dort den Fokus auf die Wiederkunft von Jesus. Man soll bereit sein wie die klugen Jungfrauen und sich um die Menschen kümmern, die am Rand der Gesellschaft stehen, damit man vorbereitet ist und alles richtig gemacht hat. Ähnlich soll man seine Fähigkeiten wie anvertraute Pfunde einsetzen, um das Gute in der Welt zu vermehren. Das Gleichnis bekommt dort einen moralischen Unterton, denn man soll sich angesichts der Ungewissheit, wann Jesus wiederkommt, anstrengen und möglichst viel im Sinne Gottes erreichen. Hier im Lukasevangelium ist die Sachlage etwas anders. Das Gleichnis ist in die Zeit verortet, kurz bevor Jesus in Jerusalem einzieht und gekreuzigt wird. Der Einschub mit dem König lässt zwei Intentionen des Autors zu:

1. Der Autor will auf versteckte Weise andeuten, dass Jesus dieser König ist, der dabei ist, die Königswürde für sich zu erringen. Er hat aber Gegner, die sich gegen ihn stellen. Das deutet bereits auf die Kreuzigung hin. Bei dieser Deutung ist aber nicht recht zu erklären, warum der König bei seiner Rückkehr kapitalistische Strukturen von Vermehrung des Kapitals so sehr begrüßt und den Knecht, der das nicht tut, so hart bestraft. Das passt nicht zu Jesus, der ein besonderes Herz für die Opfer dieses unbarmherzigen Systems hat.
2. Lukas will ein Gegenbild zu den Königen zeichnen, die wie der anfangs erwähnte Archelaos mit Härte und Brutalität regieren. Jesus ist gerade nicht wie er. Direkt vor unserem Gleichnis steht die Geschichte des reichen Zolleinnehmers Zachäus, der seinen Reichtum durch Übervorteilung und Betrug ergaunert hat. Er kommt in der Gegenwart von Jesus zur Besinnung und will alles zurückerstatten. Er steht für das Gegenbild der Diener in unserem

Gleichnis, die sich ganz der Logik des Geldvermehrens verschreiben und mitmachen.

Wenn man dieser Spur folgt, ergeben die Veränderungen, die Lukas vornimmt, einen Sinn: Der erste Diener macht aus einem Pfund zehn und bekommt dafür die Herrschaft über zehn Städte. Der zweite Diener verfünffacht das ihm anvertraute Pfund und wird Herrscher über fünf Städte. Der Gewinn und die Belohnung sind noch viel größer als im Matthäusevangelium. Trotzdem gibt es auch hier einen Diener, der das ihm anvertraute Pfund nur in einem Tuch verwahrt und schließlich zurückgibt. Er bildet einen noch größeren Kontrast zu den geschäftigen und scheinbar tüchtigen Knechten, die zu Fürsten erhoben werden. Er wird prompt so hart bestraft, wie es der Situation eigentlich nicht angemessen erscheint, nämlich mit Verbannung. Er ist der Einzige, der sich der Logik der unbarmherzigen Geschäftemacherei verweigert, weil er ihre Auswirkungen sieht und Angst bekommt. Wer hat heute noch Angst vor den Folgen der Profitmaximierung um jeden Preis? „Chef, hier hast du alles wieder zurück: Den Firmenwagen, Laptop und Smartphone. Ich habe nichts davon gebraucht, weil ich die Geschäftspraktiken nicht gutheißen kann. Ich hatte Angst davor, auf Kosten anderer Geschäfte zu machen und nicht mehr ruhig schlafen zu können." So gedeutet wäre der Knecht vergleichbar mit Jesus, der sich der Logik unserer Welt widersetzt und die Konsequenzen zu spüren bekommt. Bis heute bekommen sie den immer gleichen Stempel, sie seien leistungsunwillig oder psychisch krank, weil sie dem Wahnsinn dieser Welt sehen und nicht ertragen. Sie bekommen das gleiche Urteil wie in unserem Gleichnis: faul und böse. Aber Jesus stellt sich an die Seite dieser Menschen: Ihre Verweigerung ist seine Verweigerung. Ihre Konsequenzen sind seine Konsequenzen.

- **Mussten Sie schon negative Konsequenzen ertragen, weil Sie etwas Gutes getan oder irgendwo nicht mitgemacht haben?**

Natürlich ist diese gesellschaftspolitische Sicht auf das Gleichnis gewöhnungsbedürftig. Aber sie ist bedenkenswert, weil sie die Relevanz des christlichen Glaubens für die Probleme unserer Zeit aufzeigt. Sie entlarvt und benennt das, was anders werden muss.

Eine weitere bedenkenswerte Deutung zielt eher auf die Psychologie des Einzelnen ab: Der sich verweigernde Diener hat ein ganz bestimmtes Bild von seinem Herrn. Er glaubt, dass er ein harter und strenger Mann ist. Deshalb fürchtet er sich vor den Konsequenzen, wenn er das Geld verliert. Woher er diese negative Sicht und Furcht hat, braucht nicht erklärt zu werden. Wir erleben die Einflüsterungen der Nachrichtenkanäle selbst Tag für Tag, die uns permanent in die Irre führen, Angst machen und Bilder einer Welt vorspielen, die angeblich die Wirklichkeit sind. Man braucht einen Satz nur oft genug zu wiederholen, dann wird man ihn glauben, obwohl er nicht stimmt. Mit Angst lassen sich Menschen sehr gut steuern und kontrollieren. Es ist die Angst, die diesen Diener lähmt, etwas Vernünftiges mit seinem Pfund oder Talent zu tun. Diese Angst verwandelt sogar das Gute in etwas, das man fürchten muss. Er sagt sogar selbst, dass sein Herr dort erntet, wo er nicht gesät hat und Geld abhebt, wo er keins eingezahlt hat. Das verstärkt aber nur die Angst, denn der Diener fühlt sich nun nirgendwo mehr sicher. Überall lauert dieser harte Mann, der alles sieht und alles kontrolliert und sofort merkt, wenn der Knecht einen Fehler macht. Er sieht gar nicht das Potential, das in dieser Machtfülle steckt. Der Knecht könnte so wie die anderen Diener sein Pfund einsetzen, um den Ertrag zu vermehren. Er hat bei seinen Mitknechten gesehen, dass sie ihren Einsatz zehnfach und fünffach vermehrt haben. Trotzdem glaubt er lieber seiner Angst und tut gar nichts.

- **Welche Vorstellung haben Sie von Gott? Ist Ihre Frömmigkeit eher von Vertrauen oder von einer „Hab-Acht-Mentalität" geprägt?**

Die Tragik in diesem Gleichnis liegt darin, dass die negative Vorstellung, die der Diener von seinem Herrn hat, sich bewahrheitet. Sie wird zu einer selbsterfüllenden Prophezeiung. Er muss mit ansehen, wie der König seine Feinde niedermachen lässt. Dieser Satz ist verstörend, weil er nicht in unsere Vorstellung passt. Gott müsste doch barmherzig sein und Gnade zeigen. Hier zeigt er sich als unbarmherziger und kaltherziger Mann, der seine Feinde mit ihren Vergehen nicht davonkommen lässt. Aber auch diese Szene muss durch die Brille der Angst des letzten Dieners gedeutet werden: Der Herr wird tatsächlich zu dem, was unsere Erwartung und Vorstellung uns vorgibt. Wenn wir an einen warmherzigen und liebevollen Gott glauben, wird uns Gott auch so begegnen. Wenn wir ihn als strafend und gleichgültig glauben, wird er uns auf diese Weise erscheinen. Das liegt daran, dass wir gar nicht zulassen, dass Gott anders sein könnte als unsere Bilder im Kopf. Wir ignorieren alles, was ihnen widerspricht und nehmen die Dinge besonders deutlich wahr, die sie bestätigen. Es ist paradox: Der Diener benennt seine Chancen und Möglichkeiten. Sein Herr erntet dort, wo er nicht gesät hat. Da könnte er auf den Gedanken kommen, darauf zu vertrauen und sein Pfund einzusetzen. Aber die Angst ist zu groß. Noch bevor er dieses Potential benennt, stellt er fest, dass sein Herr ein harter Mann ist. Die Angst lähmt ihn so sehr, dass er nicht mehr in der Lage ist, dieses Potential zu nutzen.

Das ist auch der große Unterschied zwischen der Geschichte im Matthäusevangelium und hier: Hier sind es zehn Diener, die jeder ein Pfund anvertraut bekommen. Bei Matthäus sind es insgesamt drei, die je fünf, vier und ein Pfund bekommen. Bei ihm geht es um die

Konkurrenzsituation. Der letzte sieht, dass die ersten beiden mit viel mehr starten als er. Davon lässt er sich so entmutigen, dass er gar nicht erst anfängt zu wirtschaften. Er denkt sich: „Das hat ja alles keinen Zweck. Gegen die viel Talentierteren komme ich doch nicht an."

Bei Lukas starten alle mit denselben Voraussetzungen. Jeder hat ein Pfund. Jetzt hängt es davon ab, welches Bild man von seinem Herrn hat. Entweder vertrauen wir ihm und beginnen, es einzusetzen. Dann vermehrt es sich wie von selbst. Oder wir lassen uns vom Misstrauen leiten, also von diesem Bild des strengen, ungerechten und feindlichen Königs. Letzterer vergräbt sein Pfund nicht einmal, wie bei Matthäus, sondern trägt das Geld mit sich herum. Bloß kein Risiko eingehen, um den Herrn zu verärgern, wenn etwas schiefläuft. Es ist sicherer, gar nichts zu tun. Damit erreicht er aber genau das, was er eigentlich verhindern will.

- **Wo ist Ihnen eine solche Verhaltensweise des letzten Dieners begegnet? Was würden Sie ihm empfehlen, um aus dieser negativen Lebensweise herauszukommen?**

Alles hängt davon ab, welches Bild wir von Gott haben. Jesus vermittelt ihn uns als liebenden Vater, dem man vertrauen kann. Die Gefahr ist aber immer, dass man in das Gegenteil verfällt und Gott in seiner Vorstellung sogar als Tyrann angstvoll übersteigert. Dann erlebt man Gott, der nicht einfach richtet, sondern *hin*richtet. Wer nicht für ihn ist, ist gegen ihn. Im schlimmsten Fall muss man sogar selbst die Rache Gottes an den „Ungläubigen" vollziehen, weil alles ausgemerzt werden muss, was gottlos ist. Man wird selbst zum Tyrann und zerstört im vorauseilenden Gehorsam, was einem vor die religiöse Flinte kommt.

Es gibt nur eine Möglichkeit, der Angst und seinen Folgen zu entgehen. Man muss ihr das Vertrauen entgegensetzen, dass Gott unser Vater im Himmel ist. Wir müssen lernen, in die Beziehung einzutauchen zu dem, der uns in seine Arme schließen will. Dazu müssten wir uns von unseren festgefügten Vorstellungen lösen und zulassen, dass Gott ganz anders ist, als wir bisher dachten. Wir müssten auch lernen, uns der Angst zu stellen, die uns lähmt und zu den grausamsten Taten verleitet. Dann kann die Liebe unsere Herzen verwandeln, damit sich das Pfund verzehnfacht, das dort schon längst angelegt ist.

- **Wovor haben Sie die größte Angst? Wie können Sie Ihr begegnen?**

Hier ist Platz für Ihre eigenen Notizen.

15 Vom barmherzigen Samaritaner

Lukas 10,25-37

- **Sind Sie schon einmal im Krankenwagen mitgefahren, womöglich sogar mit Blaulicht? Welche Gedanken gingen Ihnen durch den Kopf?**

25 Und siehe, da stand ein Gesetzeslehrer auf, versuchte ihn
und sprach: Meister, was muss ich tun, dass ich das ewige
Leben ererbe? 26 Er aber sprach zu ihm: Was steht im Gesetz
geschrieben? Was liest du? 27 Er antwortete und sprach: »Du
sollst den Herrn, deinen Gott, lieben von ganzem Herzen, von
ganzer Seele und mit all deiner Kraft und deinem ganzen
Gemüt, und deinen Nächsten wie dich selbst« 28 Er aber sprach
zu ihm: Du hast recht geantwortet; tu das, so wirst du leben. 29
Er aber wollte sich selbst rechtfertigen und sprach zu Jesus: Wer
ist denn mein Nächster? 30 Da antwortete Jesus und sprach: Es
war ein Mensch, der ging von Jerusalem hinab nach Jericho
und fiel unter die Räuber; die zogen ihn aus und schlugen ihn
und machten sich davon und ließen ihn halb tot liegen. 31 Es
traf sich aber, dass ein Priester dieselbe Straße hinabzog; und
als er ihn sah, ging er vorüber. 32 Desgleichen auch ein Levit:
Als er zu der Stelle kam und ihn sah, ging er vorüber. 33 Ein
Samariter aber, der auf der Reise war, kam dahin; und als er
ihn sah, jammerte es ihn; 34 und er ging zu ihm, goss Öl und
Wein auf seine Wunden und verband sie ihm, hob ihn auf sein
Tier und brachte ihn in eine Herberge und pflegte ihn. 35 Am
nächsten Tag zog er zwei Silbergroschen heraus, gab sie dem

Wirt und sprach: Pflege ihn; und wenn du mehr ausgibst, will ich dir's bezahlen, wenn ich wiederkomme. 36 Wer von diesen dreien, meinst du, ist der Nächste geworden dem, der unter die Räuber gefallen war? 37 Er sprach: Der die Barmherzigkeit an ihm tat. Da sprach Jesus zu ihm: So geh hin und tu desgleichen!

Jesus fängt das Gleichnis an mit: „Irgendein Mensch". Irgendjemand geht von Jerusalem nach Jericho hinab. Man darf davon ausgehen, dass es sich um einen Juden handelt, da in dieser Gegend nur selten Fremde den Wadi Kelt hinabwanderten. Ein Wadi ist eine schmale Schlucht, in der während der Regenzeit das Wasser abfließt und in einen reißenden Fluss verwandelt. An der Seite geht ein schmaler Pfad entlang. Äußerst knapp und geradezu nüchtern schildert Jesus die Ereignisse: Der Mann wird ausgeraubt und jetzt liegt er nackt und halbtot da. Nicht einmal an der Kleidung ist noch zu erkennen, zu welcher Volksgruppe der Mann gehört. Ist er reich oder arm? Welchen Beruf hat er? Ist er alt oder jung, groß oder klein, eher dunkleren oder helleren Hauttyps? Das alles erfahren wir nicht. Es ist irgendein Mensch, der dort liegt und zu unserem Nächsten wird, weil er uns plötzlich und unerwartet vor die Füße gelegt wird. Für gewöhnlich suchen wir uns aus, wem wir helfen. Wir entscheiden nach Sympathie, Familienzugehörigkeit oder politischer Einstellung. Das ist hier aber nicht möglich, denn es ist „irgendein Mensch", der Hilfe braucht. Er kann sich weder äußern noch erkennt man an äußerlichen Merkmalen, wo dieser Mann zu verorten ist. Jesus will damit deutlich machen: Wenn jemand Hilfe braucht, spielt alles andere keine Rolle mehr. Allein die akute Not, die einem buchstäblich vor die Füße gelegt wird, sollte ausreichen, dass man sich selbst genötigt sieht zu helfen.

- **Haben Sie schon einmal einem Unbekannten geholfen oder hat Ihnen ein Fremder beigestanden?**

Jesus wählt den Ort der Handlung sehr bewusst aus. Der Weg von Jerusalem nach Jericho ist ungefähr 27 Kilometer lang. Jerusalem liegt auf ungefähr 800 Metern Höhe und Jericho im Jordangraben ungefähr 300 Meter unter dem Meeresspiegel. Man überwindet also über 1.000 Höhenmeter. Dieser Weg ist anstrengend – und er ist einsam. Auf der gesamten Strecke gibt es keine Dörfer, keine Siedlungen, keine menschlichen Behausungen. Diese Einsamkeit macht jede Begegnung sehr intensiv. Auf einer Wanderung in Norwegen, wo man nur alle paar Stunden einem anderen Menschen begegnet, grüßt man sich und unterhält sich sogar über das Woher und Wohin. Auf dem Alexanderplatz in Berlin würde man nicht einmal auf die Idee kommen, mit jemandem ein Gespräch zu beginnen. Die Einsamkeit kann auch die Wahrheit über das eigene Handeln zum Vorschein bringen. In dem Korsett der Gesellschaft ist man auch an deren ethische Normen gebunden. In der Einsamkeit, in der es keine Kontrolle gibt, weil niemand zuschaut, braucht man nicht zu helfen. Da kann man vorbeigehen, ohne dass je einer davon erfährt.

Auf dem Grund dieses Wadis kann man nicht laufen, weil zu viele Steine und Geröll herumliegen. Darum gibt es einen Pfad auf halber Höhe, der vielleicht anderthalb Meter breit ist. Die meiste Zeit läuft man also an einer Felswand entlang, die sich auf der einen Seite nach oben erstreckt, während es auf der anderen Seite in die Tiefe geht. Man kann nicht nach rechts oder links ausweichen.

Genau dort wird der namenlose Mann überfallen und liegengelassen. Es ist eigenartig, dass dieser Teil so nüchtern und emotionslos erzählt wird. Normalerweise wird von Romanautoren empfohlen, direkte Rede zu verwenden und in die Rolle des Opfers zu schlüpfen. Die Spannung einer Geschichte entsteht, wenn der Leser miterleben und mitfiebern kann. Hier wird nur beschrieben und doch entsteht eine Spannung. Das liegt an der Perspektive, die der Leser einnimmt: Nach dem Überfall machen sich die Räuber davon, verschwinden hinter der nächsten Biegung und der Leser bleibt bei dem einsamen und unglücklichen Wanderer, der nun halbtot dort liegt. Er schwebt zwischen Leben und Tod, völlig hilflos und der Leser kann nur abwarten, was weiter passiert. Wird er gerettet oder dort elend krepieren, weil in dieser einsamen Gegend nur selten jemand vorbeikommt?

- **Was ist Ihrer Meinung nach der Grund dafür, dass Priester und Levit an dem Verletzten vorbeigehen?**

Um die biblischen Geschichten zu neuem Leben zu erwecken, gibt es einen Trick. Man muss sich in die Rolle der Negativfiguren hineinversetzen und versuchen, ihre Motive zu verstehen. Hier sind eindeutig Priester und Levit die Negativfiguren. Sie werden nicht sehr ausführlich beschrieben. Wir erfahren nichts über ihren Charakter, ob sie gute oder schlechte Geistliche sind. Wir erfahren nur ihren Beruf – und auf den kommt es hier an. Sie haben gerade ihre ein bis zwei Wochen Dienst im Tempel hinter sich und befinden sich gerade auf dem Weg nach Hause, als sie den Überfallenen dort liegen sehen. Jetzt gibt es eine bestimmte Prägung, die verhindert, dass sie dem Mann helfen. Dazu muss man wissen, dass man nur von Geburt an Priester oder Levit sein kann. Diesen Beruf kann nicht jeder ergreifen. Das Selbstverständnis dieser Geistlichen ist, dass sie von Gott ausersehen wurden, ihm auf diese besondere Weise zu dienen. Ansonsten wären sie nicht als Mann in eine levitische oder Priesterfamilie hineingeboren worden. Zu dieser Prägung gehört, dass sie aufgrund ihres Standes eine besondere „Sorgfaltspflicht" hatten, sich reinzuhalten. Dazu gehörte auch, dass sie kein Blut berühren oder gar Tote anfassen durften. Das war noch schlimmer, als mit Aussätzigen in Kontakt zu kommen. Nicht ihr schlechter Charakter oder die Umstände verhindern, dass sie dem Unglücklichen helfen. Es ist die Struktur oder das religiöse System, in das sie hineingeboren wurden und das zu ihrem gedanklichen Gefängnis wird und sie abhält, das Richtige zu tun.

Religiöse Prägung kann auch heute noch verhindern, dass man das Naheliegende tut, nämlich jemandem in Not helfen. Wir haben eine festgelegte Vorstellung davon, wie Christsein richtig gelebt wird, wie man die Bibel versteht, wie man sich moralisch einwandfrei verhält. Alles andere lehnen wir ab oder halten es für nicht wichtig: Sie entsprechen nicht unserer Gewissensprägung. Es kann vorkommen, dass man etwas tun muss, was moralisch nicht hundertprozentig einwandfrei ist, aber einem Menschen in einer akuten Notlage hilft. Bis heute gibt es in manchen frommen Gemeinden eine Art Scheidungsverbot. Wenn eine Ehe gescheitert ist, brauchen die ehemaligen Partner Unterstützung. Stattdessen macht man ihnen moralische Vorwürfe, dass es nicht biblisch und eine Sünde sei, sich scheiden zu lassen. In aller Regel wissen die Beteiligten das selbst. Sie stehen vor dem Scherbenhaufen ihres Lebens und brauchen Zuspruch, praktische Hilfe und keine Vorwürfe, die alles noch schlimmer machen. Hier muss man aus seinem geistigen und geistlichen Gefängnis ausbrechen, um sein christlich motiviertes Fehlverhalten überhaupt zu erkennen.

In unserem Text ist es ähnlich: Priester und Levit stecken in einem geistlichen Gefängnis. Es entspricht gar nicht ihrer Gewissensprägung, einem Halbtoten in der Wüste zu begegnen und ihm zu helfen. Sie würden sich so sehr verunreinigen, dass sie empfindlich in ihren beruflichen Pflichten eingeschränkt wären. Sie gehen vorbei. Ihre religiöse Überzeugung bleibt intakt und der Halbtote bleibt liegen.

- **Tauschen Sie sich über Ihre religiöse Prägung aus? Wo ist sie hilfreich? Wo ist sie hinderlich?**

Ein weiterer gewichtiger Grund, dass sie nicht helfen: Priester und Levit sind in einer gefährlichen Gegend. Es könnte sein, dass die Räuber noch ganz in der Nähe sind und wieder zurückkehren. Vielleicht gehört der Mann sogar zu den Räubern und stellt sich nur tot, um einsamen Wanderern eine Falle zu stellen. Wenn sie ihm helfen, könnten sie leicht in die gleiche Lage geraten. Also gehen sie vorbei.

Auch wir kennen solche gewichtigen Gründe, an einem Menschen vorbeizugehen, der vermeintlich oder echt unsere Hilfe braucht. Wir fragen zurecht, ob der Bettler in der Fußgängerzone wirklich unser Geld braucht. Professionelle Helfer wie Sozialarbeiter und Diakone sind desillusioniert, weil sie mit vielen Menschen konfrontiert sind, die das staatliche Hilfesystem ausnutzen, andere manipulieren oder moralisch unter Druck setzen. Das schadet den wirklich Hilfebedürftigen, die nicht ganz so laut und vehement nach Hilfe rufen. Es ist heutzutage schwer zu sagen, wer wirklich in Not ist und wer nicht.

Priester und Levit sind keine bösen Menschen. Sie tun nichts Falsches. Sie unterlassen nur, das Richtige zu tun. Genau das passiert heute auch vielfach, aber warum? Der Grund ist, dass ihnen das Schicksal des Unglücklichen nicht nahe geht. Sie sind mit ihren Gefühlen nicht beteiligt. Deshalb können sie an ihm vorbeigehen.

- **Haben Sie Kriterien, nach denen Sie entscheiden, wem Sie helfen? Haben Sie schon Ihre Hilfe verweigert?**

Nachdem Priester und Levit vorbeigegangen sind, erwartet der Leser nach der typisch orientalischen Erzähltechnik eine dritte Person, die nicht vorbeigeht und hilft. Der „zündende Punkt“ ist also nicht, dass dem Halbtoten geholfen wird. Der „zündende Punkt“ ist, *wer* ihm hilft. Die Zuhörer des Gleichnisses dürften erwartet haben, dass jetzt ein jüdischer Bauer vorbeikommt. Dann hätte das Gleichnis eine antiklerikale Spitze. Es ist aber kein jüdischer Bauer, sondern ein Samaritaner, der dort vorbeikommt. Die Samaritaner sind eine Volksgruppe, die nach dem Untergang des Nordreichs Israel entstanden ist. Die Juden mischten sich mit anderen dort angesiedelten Völkern. Als der Tempel nach dem babylonischen Exil wieder aufgebaut wurde, hofften die Jerusalemer, dass die Samaritaner ihren religiösen Mittelpunkt auch wieder dorthin verlegen. Das taten sie aber nicht, sondern bauten ein eigenes Heiligtum auf dem Berg Garizim, nahe Nablus. Die Samaritaner galten also als Abgefallene. Man könnte den Konflikt zwischen Juden und Samaritanern vergleichen mit dem Hass zwischen evangelikalen Christen und muslimischen Fundamentalisten. Um die Provokation zu verstehen, die in diesem Gleichnis steckt, könnte man heute vielleicht so aktualisieren: Erst gingen ein Pastor und ein Gemeindediakon vorbei. Dann kam ein islamistischer Fundamentalist und half.

- **Haben Sie überraschend Hilfe bekommen von jemandem, den Sie nicht leiden können? Haben Sie jemandem geholfen, über den Sie sich geärgert haben?**

Im Vers 33 schildert das Gleichnis eine entscheidende Beobachtung, die jeder pragmatischen Hilfe vorausgeht: „Als er ihn sah, jammerte es ihn." Der Samaritaner wird vom Schicksal des schwer verwundeten Mannes berührt. Es trifft ihn bis in sein Inneres. Das ist der Anfang aller Ethik und einer jeden guten Tat: Man sieht etwas und lässt sich davon bis in sein Herz bewegen. Das ist es, was dem Samaritaner widerfährt und zu all diesen Handlungen bewegt, die im folgenden beschrieben werden. Priester und Levit lassen sich aber nicht vom Elend des Halbtoten bewegen. An ihnen prallt es einfach ab. Ansonsten könnten sie auf diesem engen Pfad nicht einfach über den Mann hinwegsteigen und ihren Weg fortsetzen. Es ist ein großes Geheimnis, warum manche Menschen sich von Leid anderer so sehr bewegen lassen, dass sie etwas dagegen tun müssen, während es an anderen Menschen abperlt wie von einer Regenhaut.

Jetzt erst erzählt das Gleichnis sehr ausführlich, geradezu detailverliebt, wie der Samaritaner Öl und Wein auf die Wunden gießt, um die Schmerzen zu lindern, ihn auf seinen Esel auflädt und in das nächste Wirtshaus bringt. Ein Wirtshaus von damals ist vergleichbar mit einem zwielichtigen Saloon aus dem wilden Westen. Den zwielichtigen Wirt spannt der Samaritaner kurzerhand in diese Hilfe ein. Eigentlich ist es nicht viel, was der samaritanische Händler macht. Es kostet ihn nicht besonders viele Opfer und ist auch kein besonders großer Aufwand, um dem Halbtoten das Leben zu retten. Er trifft auf eine konkrete Situation, auf die er mit pragmatischer Hilfsbereitschaft reagiert. Hilfe muss also nicht immer so aussehen, dass man sein ganzes Vermögen oder sein ganzes Leben für die anderen einsetzt. Der Samaritaner unterbricht seine Reise, um dem überfallenen Wanderer zu helfen. Dann setzt er seine Reise fort.

Wer ist mein Nächster und wie ist begegne ich ihm in der Not? Viele empfinden diese Frage als überfordernd, weil sie hohe moralische Erwartungen mit ihr verknüpfen. Man muss sich angesichts dieser übertriebenen Vorstellungen bewusst machen, dass es nicht darum geht, einen Menschen nun bis zu seinem Lebensende helfend zu begleiten. Es geht um die naheliegende und zeitliche begrenzte Hilfe für einen Menschen, der in Not geraten ist. Mehr nicht. Wir müssen nicht die Menschen dieser Welt erretten. Das ist gar nicht unsere Aufgabe. Es reicht, zu tun, was nötig ist. Dann darf man seine Reise fortsetzen.

- **Wo ist Ihnen das Schicksal eines Menschen so nahe gegangen, dass Sie etwas für ihn tun mussten?**

Hier ist Platz für Ihre eigenen Notizen.

16 Von den beiden Schuldnern

Lukas 7,36-50

- **Wo waren Sie zuletzt eingeladen? Welche Einladung ist Ihnen in besonderer Erinnerung geblieben?**

36 Es bat ihn aber einer der Pharisäer, mit ihm zu essen. Und er
ging hinein in das Haus des Pharisäers und setzte sich zu Tisch.
37 Und siehe, eine Frau war in der Stadt, die war eine Sünderin.
Als die vernahm, dass er zu Tisch saß im Haus des Pharisäers,
brachte sie ein Alabastergefäß mit Salböl 38 und trat von hinten
zu seinen Füßen, weinte und fing an, seine Füße mit Tränen zu
netzen und mit den Haaren ihres Hauptes zu trocknen, und
küsste seine Füße und salbte sie mit dem Salböl. 39 Da aber das
der Pharisäer sah, der ihn eingeladen hatte, sprach er bei sich
selbst und sagte: Wenn dieser ein Prophet wäre, so wüsste er,
wer und was für eine Frau das ist, die ihn anrührt; denn sie ist
eine Sünderin. 40 Jesus antwortete und sprach zu ihm: Simon,
ich habe dir etwas zu sagen. Er aber sprach: Meister, sag es! 41
Ein Gläubiger hatte zwei Schuldner. Einer war fünfhundert
Silbergroschen schuldig, der andere fünfzig. 42 Da sie aber
nicht bezahlen konnten, schenkte er's beiden. Wer von ihnen
wird ihn mehr lieben? 43 Simon antwortete und sprach: Ich
denke, der, dem er mehr geschenkt hat. Er aber sprach zu ihm:
Du hast recht geurteilt. 44 Und er wandte sich zu der Frau und
sprach zu Simon: Siehst du diese Frau? Ich bin in dein Haus
gekommen; du hast mir kein Wasser für meine Füße gegeben;
diese aber hat meine Füße mit Tränen genetzt und mit ihren

Haaren getrocknet. 45 Du hast mir keinen Kuss gegeben; diese aber hat, seit ich hereingekommen bin, nicht abgelassen, meine Füße zu küssen. 46 Du hast mein Haupt nicht mit Öl gesalbt; sie aber hat meine Füße mit Salböl gesalbt. 47 Deshalb sage ich dir: Ihre vielen Sünden sind vergeben, denn sie hat viel geliebt; wem aber wenig vergeben wird, der liebt wenig. 48 Und er sprach zu ihr: Dir sind deine Sünden vergeben. 49 Da fingen die an, die mit zu Tisch saßen, und sprachen bei sich selbst: Wer ist dieser, der auch Sünden vergibt? 50 Er aber sprach zu der Frau: Dein Glaube hat dir geholfen; geh hin in Frieden!

In der Antike war eine Einladung Ehrensache. Da es keine Restaurants oder Bars gab, lud man zu sich nach Hause ein. Die Bauweise der Häuser in der Gegend rund um den See Genezareth war recht offen: Um einen Innenhof gruppierten sich die Wohnquartiere der ca. 40 bis 50 Familienmitglieder. Eine solche Einladung war also eine halböffentliche Veranstaltung. Die Gäste lagen zu Tisch. Diese Liegen waren hufeisenförmig um einen Tisch gruppiert. Am Rand standen Leute herum, die sich unterhielten und dem Geschehen folgten. Wenn alles normal ablief, vergaß man ein solches Sabbat-Essen wieder. Die fanden schließlich jeden Freitagabend statt. Nur solche Einladungen blieben im Gedächtnis, die besonders außergewöhnlich oder skandalträchtig verliefen. An die Einladung Jesu durch den Pharisäer Simon erinnert man sich sogar noch heute, 2.000 Jahre später.

- **Was war an dieser Geschichte so skandalträchtig?**

Eine Frau platzt in die reine Männergesellschaft. Der Leser erfährt nicht viel über sie, nur dass sie eine Sünderin ist. Damit ist aber nicht gemeint, dass sie etwas Schlimmes gemacht oder einen moralischen

Fehltritt begangen hat, wie wir es heute ganz automatisch vermuten. Der Begriff „Sünderin“ hatte damals eine völlig andere Bedeutung als heute und bezieht sich auf ihre äußeren Lebensumstände. Die namenlose Frau übt einen Beruf aus, der sie rituell dauerhaft verunreinigt. Deshalb darf man keine Gemeinschaft mit ihr haben, um sich selbst nicht mit ihrer Verunreinigung „anzustecken“. Damals galten zum Beispiel alle Gerber als Sünder, weil sie mit toten Tieren in Berührung kamen und die Felle mit Substanzen weich machten, die ebenfalls rituell als unrein galten. Deshalb war jeder Gerber ein Sünder, obwohl die meisten vielleicht ein moralisch untadeliges Leben geführt haben.

In der Tradition wird diese anonyme Frau mit Maria aus Magdala identifiziert und behauptet, sie sei eine Hure gewesen. Aber das wird in diesem Text nicht explizit gesagt und bleibt Spekulation. Das spielt für die Auslegung dieser Geschichte also keine Rolle. Das Skandalöse dieser Szene ist, dass eine Frau, noch dazu eine Sünderin, in diese Männergesellschaft hineinplatzt. Das ist absolut unschicklich. Damit nicht genug. Sie öffnet in Anwesenheit der Männer ihr Haar. Das ist für uns heute kaum nachvollziehbar, wie ungehörig das war. Man müsste heute wohl so übertragen, damit der Skandal für uns verständlich wird: Da kommt eine Frau mit zweifelhaftem Ruf in diese fromme Männerrunde und zieht ihre Kleider aus, bis sie nackt vor ihnen steht.

Bevor jemand reagieren kann, geht sie auf Jesus zu. Der liegt zu Tisch, die Füße zeigen auf den Ausgang. Deshalb hat die Frau keine Probleme, an seine Füße heranzukommen. (Uns kommt ein anderes Bild in den Kopf: Die Gäste sitzen auf Stühlen um einen reich gedeckten Tisch. Wäre es so, hätte die Frau große Schwierigkeiten, an die Füße von Jesus heranzukommen. Sie hätte dann vermutlich anders gehandelt.) Sie weint und trocknet die Füße von Jesus mit ihren Haaren. Dann holt sie ein kostbares Fläschchen aus Alabaster hervor. Das ist ein spezieller Stein, der so dünn geschliffen ist, dass man hindurchsehen kann. Der Inhalt der

Flasche, vermutlich Nardenöl, ist so teuer, dass man es nur in größeren Metropolen kaufen kann. Die ländliche Bevölkerung von Galiläa dürfte nicht einmal gewusst haben, dass es so etwas überhaupt gibt. Wo diese Frau einen solchen Wert herbekommen hat, ist für die Geschichte völlig belanglos. Sie scheint jedenfalls nicht mittellos zu sein. Entscheidend ist, dass sie dieses teure Öl benutzt, um Jesus die Füße zu salben.

Das Verhalten der Frau ist sehr eigenartig und nur dadurch zu erklären, dass Jesus und sie sich schon einmal begegnet sind. Jesus muss einen so großen Eindruck auf die Frau gemacht haben, dass sie sich zu dieser riskanten und skandalösen Handlung hinreißen lässt. Zwischen ihnen gibt es ein Band, das stärker ist als alle gesellschaftliche Norm und Schicklichkeit.

- **Wie reagiert Simon, der Pharisäer, auf diese Situation? Wie hätten Sie in einer ähnlich skandalträchtigen Situation reagiert?**

Der Leser bekommt nun einen Einblick in die Gedankenwelt des Pharisäers, bei dem Jesus eingeladen ist. Näher kommt man an eine Person nicht heran. Die Gedanken eines Menschen lügen nicht und hier gibt es keine Filter der Höflichkeit, Zurückhaltung und Etikette, die man normalerweise im Umgang miteinander hat. In einem Selbstgespräch macht man sich auch nichts vor, sondern der Leser erfährt unmittelbar und ungeschönt, was Simon wirklich und wahrhaftig denkt. Der Pharisäer hatte eine sehr hohe Meinung von Jesus. Er hatte ihn eingeladen, weil er wirklich glaubte, dass er der entscheidende Prophet sein könnte, der ein goldenes Zeitalter für die Juden einläutet. Das muss man dem Mann zugutehalten, bevor man das übliche christliche „Pharisäer-Bashing" betreibt. Er ist ehrlich interessiert an einem Austausch mit Jesus, weil er von ihm erfahren will, ob er wirklich der Prophet ist. Man lädt niemanden zu sich nach Hause zu einem Festessen ein, den man aus tiefster Seele hasst. Simon war dem Wanderprediger aus Nazareth ehrlich zugetan. Aber er ist enttäuscht: Der vermeintliche Prophet erkennt nicht einmal, wen er da vor sich hat und lässt sich von einer Sünderin berühren. Aber er schreit auch nicht herum oder sorgt durch eine aufgebrachte Reaktion für eine Eskalation. Die Situation ist merkwürdig und herausfordernd. Simon ist entsetzt über das, was da in seinem Haus vor sich geht, bleibt aber trotzdem ruhig und wartet ab, was passiert. Diese Zurückhaltung und Selbstbeherrschung muss man dem Mann zugutehalten. Aber er hat sein Urteil gefällt. Ihm kommt nicht in den Sinn, dass Jesus diese Frau bewusst gewähren lässt. Er kommt nicht auf den Gedanken, dass Jesus diese Frau an sich heranlässt, *gerade weil* sie eine Sünderin ist. Darin liegt auch heute noch ein großes Problem: Wir gewähren Menschen unsere Nähe, die es „verdient" haben. Jemand, der in der Öffentlichkeit in Ungnade steht, als zwielichtig gilt oder ganz ausgeschlossen ist, der wird auch von uns gemieden. Wir sprechen zwar nicht mehr von „Sündern" und „Gerechten", aber teilen unsere Gesellschaft immer noch so ein. Auch bei uns gibt es „Die Guten" und „Die Bösen", kleben ganzen Gruppen von Menschen Etiketten an, ohne zu bemerken, dass es „die" Russen oder „die" Ungeimpften oder „die" Muslime gar nicht gibt. Der Einblick in die Gedanken des Pharisäers ist eigentlich der Einblick in unsere eigene Gedankenwelt, die voller Schubladen und ungerechtfertigter Vorurteile ist.

- **Wie kann man eine verfahrene Situation wie hier überwinden?**

Die Situation ist gerade verfahren und blockiert – und das sieht Jesus sofort. Die Frau löst eine Ausnahmesituation aus, in der normale Verhaltensmuster nicht mehr funktionieren. Der Gastgeber Simon ist von Jesus enttäuscht und die anderen Gäste erwachen gerade aus ihrer Starre, vermutlich bereit, die Frau jetzt rauszuwerfen. Im übertragenen Sinne sind bei den Männern gerade die Rollläden heruntergegangen.

Wie kann man in so einer Lage ein Grundverständnis füreinander herstellen und Brücken bauen? Wie kriegt man die Rollläden wieder hoch? Jedenfalls nicht auf direktem Weg. Man muss das Thema wechseln und sich gewissermaßen auf neutralen Boden begeben. Das tut Jesus, indem er ein Gleichnis erzählt; eine Geschichte, die von etwas ganz anderem handelt als das, was sie gerade erlebt haben. Da gibt es zwei Schuldner. Der eine schuldet 50 Denare, der andere 500. Der Pharisäer Simon, an den das Gleichnis gerichtet ist, weiß sofort, wie es gemeint ist: Er ist vergleichbar mit dem Mann, der nur 50 Denare schuldet und die Frau hat die zehnfachen Schulden. Jesus benennt den Unterschied, den es zwischen dem „Gerechten" und der „Sünderin" gibt. Man kann nicht einfach vernachlässigen, dass Simon sich den Glauben eine Menge kosten lässt. Es ist ein Unterschied, ob man ernsthaft bemüht ist, Gottes Gebote einzuhalten oder sich nicht darum schert. Dieses Gleichnis würdigt, dass ein Christ sich bemüht, sein Leben ganz in der Nachfolge Jesu zu leben. Deshalb hat er weniger Schulden als jemand, der nur wegen der Stimmung an Weihnachten in die Christvesper geht.

Das Gleichnis sagt aber noch etwas anderes: Obwohl sie unterschiedlich hohe Summen schuldig sind, befinden sich beide in derselben Zwickmühle. Sie können ihre Schulden nicht bezahlen. Beide sind einem Menschen ausgeliefert, der von ihrer Not und ihrem Unglück lebt und sich daran bereichert. Darin sind sie Schicksalsgenossen. Ein Geldwechsler darf kein weiches Herz oder Mitleid haben. Auch er war wegen seines Berufs „Sünder". Aber der unwahrscheinliche Fall tritt ein: Beiden wird ihre Schuld erlassen und sie sind wieder frei. Sie können aufatmen. Auch in diesem Schicksal sind beide miteinander verbunden. Man kann sich denken, dass sich die ehemaligen Schuldner zunächst ungläubig angeschaut und dann fragend zum Geldwechsler geblinzelt haben. Der bestätigt seine Entscheidung: Die Schulden sind wirklich und wahrhaftig erlassen. Man kann sich weiter vorstellen, wie die Erkenntnis in das Bewusstsein der beiden Unglücklichen einsickert und nun die Freude einsetzt. Sie sind sich vermutlich in die Arme gefallen und haben Freudentänze aufgeführt.

Vergleichbar mit den beiden Schuldnern ist die Beziehung zwischen Simon, dem „Gerechten" und der „Sünderin". Das Gleichnis ist ein Umweg, mit dem Jesus beide in Beziehung zueinander setzt und versucht, Verständnis zu wecken. Vor allem bekennt er sich zu dieser Frau. Das zeigen seine Sätze zur Gastfreundschaft.

- **Wie deuten Sie die Aussagen, die Jesus gegenüber Simons Gastfreundschaft in den Versen 44 bis 46 macht?**

Jesus sagt nun zu Simon, dass er ihm weder die Füße gewaschen noch sein Haupt mit Öl gesalbt habe. Die übliche Auslegung ist die, dass Simon ein schlechter Gastgeber gewesen sei. Angeblich hätte es zur orientalischen Gastfreundschaft gehört, dem Ankömmling die Füße zu waschen, das Haupt zu salben und einen Kuss zur Begrüßung zu geben. Tatsächlich waren diese Rituale damals genauso unüblich wie heute. Kein Gastgeber tat diese Dinge zur Begrüßung seiner Gäste. Jesus argumentiert nicht so primitiv, jemandem seine Versäumnisse und Verfehlungen vorzuhalten. Er will auf etwas anderes hinaus. Vorher hat er Simons Aufmerksamkeit auf die Frau gelenkt, indem er ihn fragte: „Siehst du diese Frau?" Simon hat sie gesehen, aber er hat sie in Wirklichkeit nicht gesehen. Er ist an der Oberfläche geblieben. Es ist wie mit einem Obdachlosen, der in der Bahnhofstraße von Wetzlar sitzt und bettelt: Wir registrieren zwar seine Anwesenheit, aber sofort haben wir ihn wieder vergessen. Einen Tag später könnten wir nicht einmal mehr sagen, wie er ausgesehen hat. Jesus will, dass Simon tiefer blickt. Er soll sich mit ihren Beweggründen befassen und mit ihren Sehnsüchten, ihrem Schicksal, das ihm eigentlich egal ist. Jesus möchte seinem Gastgeber den Blick in ihr Inneres eröffnen und Simon dazu bringen, sie als Menschen mit einem Namen zu sehen und nicht als namenlose Sünderin. Man könnte die Worte von Jesus so nacherzählen: „Wenn du in ihrer Lage wärst und mich so sehen würdest, wie diese Frau mich sieht, dann hättest du mir am Eingang die Füße gewaschen. Nötig wäre das nicht gewesen. Das hätte sogar für Aufsehen gesorgt, weil das unüblich ist. Deine Liebe hätte dich aber dazu gedrängt." Vielleicht kennen Sie eine ähnliche Situation aus ihrem Leben: Spontan umarmen wir Menschen, weil wir uns freuen, sie zu sehen. Üblich ist das nicht. Üblich ist, dass man sich die Hand gibt. Aber die Freude, die Rührung, der innere Drang treiben uns dazu, einander intensiver zu begrüßen als nur mit Händedruck. Aber die Zuneigung hat diesen Impuls spontan hervorgerufen. Jesus hat für diese Frau eine so große Bedeutung, dass sie ihn aus lauter Dankbarkeit mit teuerstem Öl salbt. An das Gesicht kommt sie nicht heran. Dazu liegt er einfach zu ungünstig auf seinem Polster, aber seine Füße erreicht sie ohne Probleme. Das ist eine Spontanhandlung, die ihre Verbindung zu ihm und ihre Gefühle für den Mann aus Nazareth ausdrückt. An ihren Handlungen sieht man, was in ihrem Herzen los ist. Jesus will Simon sagen: So hättest du mich empfangen, wenn das in dir gesteckt hätte, was in dieser Frau gerade vorgeht.

- **Gibt es Menschen, die in Ihnen Dankbarkeit und Zuneigung hervorrufen? Tauschen Sie sich darüber aus!**

Diese anonyme Frau, die als „Sünderin" vorgestellt wird, ist offensichtlich dankbar und ihre Dankbarkeit hat mit Jesus zu tun. Etwas verbindet sie miteinander, das nicht genannt wird. Zwischen ihnen gibt es ein unsichtbares Band, eine Beziehung und ein Einverständnis, das Jesus hier vor dieser Männerrunde verteidigt. Die Frau ist ihrem Herzen gefolgt und hat alle Konventionen dafür über Bord geworfen. Jesus honoriert das und findet, dass sie der Tiefe des Lebens näher ist als

Simon. Das liegt vermutlich daran, dass sie weiß, was es heißt, auf Vergebung angewiesen zu sein. Sie muss bei Jesus das große Ja gespürt haben, das Gott über ihr Leben ausgesprochen hat und im Gegensatz zu dem steht, was sie sonst immer zu hören bekommt. Sie wurde vorher als Person mit ihrem ganzen Leben als Sünderin definiert, also als jemand, der kein Recht hat, in der Gemeinschaft mit den „Rechtschaffenen" und „Gerechten" zu sein. Jesus muss diesem Bild widersprochen haben und hat ihr die Gewissheit geschenkt, dass sie nicht verlassen ist, sondern angenommen. Simon hat diese Erfahrung noch nicht so oft gemacht, weil er es meistens aus eigenen Kräften schafft, die Regeln einzuhalten und den Anforderungen des Glaubens zu genügen. Deshalb kann er auch nicht so dankbar sein, wie die Sünderin. Eine solche Dankbarkeit entspringt dem, was Jesus ihr am Schluss zuspricht und was auch uns, den Lesern gilt: „Deine Sünden sind dir vergeben. Dein Glaube hat dir geholfen; geh hin in Frieden!"

- **Wo entdecken Sie Anteile von der „Sünderin" und wo Anteile von Simon, dem „Gerechten" in sich?**

Hier ist Platz für Ihre eigenen Notizen.

17 Vom Richter und der Witwe

Lukas 18,1-8

- **Haben Sie schon einmal vor Gericht gestanden? Haben Sie je ein Gerichtsurteil als ungerecht empfunden?**

1 Er sagte ihnen aber ein Gleichnis davon, dass man allezeit
beten und nicht nachlassen sollte, 2 und sprach: Es war ein
Richter in einer Stadt, der fürchtete sich nicht vor Gott und
scheute sich vor keinem Menschen. 3 Es war aber eine Witwe
in derselben Stadt, die kam immer wieder zu ihm und sprach:
Schaffe mir Recht gegen meinen Widersacher! 4 Und er wollte
lange nicht. Danach aber dachte er bei sich selbst: Wenn ich
mich schon vor Gott nicht fürchte noch vor keinem Menschen
scheue, 5 will ich doch dieser Witwe, weil sie mir so viel Mühe
macht, Recht schaffen, damit sie nicht zuletzt komme und mir
ins Gesicht schlage. 6 Da sprach der Herr: Hört, was der
ungerechte Richter sagt! 7 Sollte aber Gott nicht Recht schaffen
seinen Auserwählten, die zu ihm Tag und Nacht rufen, und
sollte er bei ihnen lange warten? 8 Ich sage euch: Er wird ihnen
Recht schaffen in Kürze. Doch wenn der Menschensohn
kommen wird, wird er dann Glauben finden auf Erden?

Jesus scheut sich nicht, Gott mit eher unangenehmen Bildern zu verbinden oder mit Eigenschaften, die nicht ganz in die üblichen christlichen Vorstellungen passen. So konnte er im Gleichnis vom großen Abendmahl (Lukas 14,15-24), das wir im 11. Kapitel behandelt haben, Gott die Eigenschaften eines Ehrgeizlings verpassen, der sich durch ein besonders reiches Bankett in die Reihen der Oberschicht einkaufen wollte. Ähnlich anstößig ist das Gleichnis vom ungerechten Verwalter (Lukas 16,1-8), der das Geld seines Herrn veruntreut und dafür sogar noch gelobt wird. Dieses Gleichnis hatten wir uns im Kapitel zehn angeschaut.

Hier präsentiert Jesus wieder ein negatives Bild: Gott wird mit einem bestechlichen und ungerechten Richter in Verbindung gebracht. Ein Vergleich, der uns vermutlich so nie in den Sinn kommen würde.

- **Was möchte Jesus mit diesem Gleichnis sagen?**

Dieses Gleichnis ähnelt einem anderen, das Jesus in Lukas 11,5-8 erzählt: Da klingelt mitten in der Nacht ein Mann bei seinem Freund und bittet ihn um Brot, weil er Besuch bekommen hat. Der Freund will nicht aufstehen, tut es aber schließlich, weil der Mann hartnäckig bleibt und keine Ruhe gibt. Jesus will damit sagen, dass hartnäckiges Bitten nie vergeblich oder etwas Schlechtes ist. Wenn sogar unwillige Menschen nachgeben, wie sollte hartnäckiges Bitten bei Gott fruchtlos bleiben? Gott zu bestürmen, trägt eine Verheißung auf Erhörung in sich.

Jesus greift erneut zurück auf eine Notlage, die sich jeder der damaligen Hörer vorstellen kann und steigert den Kontrast bis ins Unermessliche, indem er eine Witwe einem bestechlichen Richter gegenüberstellt. Die Witwe steht für absolute Hilfsbedürftigkeit. Sie darf eigentlich gar nicht vor Gericht ihr Recht einklagen. Das darf nur ihr Ehemann oder Vormund. Beides hat sie aber nicht. Deshalb steckt sie in der Klemme. An wen soll sie sich wenden? Was soll sie tun? In ihrer ausweglosen Lage kann sie nur an die Barmherzigkeit und Einsicht des Richters appellieren.

Was klagt sie bei dem Richter ein? Was ist ihr Problem, das sie jeden Tag an dessen Türschwelle treibt? Man kann sich nichts anderes vorstellen als etwas sehr Existentielles. Es muss um Geld gehen, das sie dringend zum Leben braucht. Vermutlich schuldet ihr jemand Geld und zahlt es einfach nicht zurück, weil er weiß, dass sie es nicht einklagen kann. Aber die Witwe hat kein Einkommen und keine Verwandten, die sie versorgen. Die könnten stellvertretend das Geld für sie einklagen. Die Frau muss nicht unbedingt alt gewesen sein. Bereits in jungen Jahren mit 13 oder 14 Jahren wurden Frauen verheiratet. Wenn ihr Ehemann früh verstorben ist, könnte sie noch eine junge Frau sein, die nun ein Leben in entwürdigender Armut und Schutzlosigkeit erwartet, wenn sie dieses Geld nicht bekommt. Die Person, von der sie das Geld fordert, muss das Geld tatsächlich besitzen, denn sonst würde sich der ganze peinliche Auftritt beim Richter für sie nicht lohnen.

Ein kleines Detail in diesem Gleichnis gibt dieser konkreten Situation eine gesellschaftskritische Note: Es heißt hier, Richter und Witwe waren in *irgendeiner* Stadt. So konkret die Situation ist, so allgemein und nebulös bleibt der Ort der Handlung. Irgendeine Stadt – das könnte überall sein. Und die Ungerechtigkeit, dass Mächtige die Schwachen übervorteilen, *passiert* überall. Auch in der Stadt, in der Sie gerade leben. Solche ungerechten Konstellationen gibt es überall. Das waren damals die Gutsherren, die Tagelöhner anstellten und ganz schlecht behandelten. Heute sind es ausländische Menschen, die in deutschen Fleischfabriken für geringen Lohn arbeiten und in Massenquartieren untergebracht werden, die in einem unzumutbaren Zustand sind und für die sie völlig überhöhte Mieten zahlen müssen. Noch schlechter waren die Arbeiter dran, die die Stadien für die Fußball-Weltmeisterschaft in Katar gebaut haben. Es gibt diese ungerechten Konstellationen überall, ohne dass es uns auffällt, weil wir nicht direkt betroffen sind.

- **Wo sind Ihnen Missstände aufgefallen? Wie haben Sie jemandem in Not geholfen?**

Man kann nicht sagen, dass Jesus Gott mit diesem ungerechten Richter direkt vergleicht. Er ist ein Gegenbild: Wenn ein hartherziger

Richter irgendwann einlenken wird, weil er seine Ruhe haben will, dann lohnt es sich erst recht, Gott zu bestürmen, weil er gütig und wohlwollend ist. Dieses Gegenbild eines ungerechten Richters, das Jesus so eng mit Gott verknüpft, spricht eine Irritation an, die viele Menschen heute haben: Angesichts der Not und des Leids in dieser Welt fällt es schwer, an einen Gott der Güte zu glauben. Selbst denen, die dem Glauben positiv gegenüberstehen, kommen Zweifel, ob Gott nicht doch eine dunkle Seite hat. Seine Handlungen bleiben unverständlich. Es erscheint uns kalt und unbarmherzig, dass er nicht gegen Ungerechtigkeit eingreift, die es im Überfluss gibt. Es scheint, als wollte Jesus diesen unangenehmen Gedanken aufgreifen und sagen: „Nehmen wir einmal an, Gott wäre so monströs und ungerecht, wie dieser Dorfrichter hier, dann würde er trotzdem irgendwann nachgeben, weil die Frau ihn so penetrant nervt."

Folgt man diesem Gedankengang etwas ausführlicher, dann könnte man sich vorstellen, dass Gott wie dieser Richter für eine Willkür steht, die es in unseren Tagen immer noch gibt. Er wäre korrupt, bestechlich, nur auf den eigenen Vorteil bedacht. Bei ihm bekäme derjenige Recht, der die größte Macht hat oder das meiste Schmiergeld zahlt. Er fürchtete sich vor nichts und niemand, außer den Leuten, denen er Gefallen schuldet und die Rechtssprüche zugunsten ihrer Interessen erwarteten. Wenn man Gott auf diese Weise beschreibt, bleibt der Witwe nichts anderes mehr, als ihm gehörig auf die Nerven zu gehen – so sehr, dass er irgendwann nachgibt, weil er völlig fertig und einfach am Ende seiner Kräfte ist. Es geht nicht um Gerechtigkeit oder Ungerechtigkeit. Es geht nicht einmal um Moral und Anständigkeit. Der Richter wird nicht geläutert, endlich mitmenschlich zu werden und den Hilflosen zu helfen. Er urteilt nur deshalb zugunsten der Witwe, weil er seine Ruhe haben will. Was nützt ihm alles korrupt erworbene Geld, wenn er es nicht genießen kann? Er will, dass sie verschwindet und nicht länger seine Nerven strapaziert – und wenn das die einzige Möglichkeit ist, dann soll sie ihren Willen haben. Es geht hier allein um die Strategie, mit der wir Gott unsere Anliegen bringen. Um es mit den Worten des Petrusbriefes zu formulieren: „Alle eure Sorgen werft auf ihn, denn er sorgt für euch." (1. Petrus 5,7) Wir brauchen keine Zurückhaltung üben oder bescheiden sein, sondern können alle unsere Anliegen, Sorgen und Wünsche bei Gott vorbringen, als würde man alles auf „eine Karte setzen". Hartnäckigkeit, Vehemenz und Nachdrücklichkeit sind ausdrücklich erlaubt.

- **Wie hartnäckig setzen Sie Ihre eigenen Interessen gegen andere durch? Wie schnell geben Sie nach?**

Was sagt das über das menschliche Verhältnis zu Gott aus? Wenn man Gott so erlebt, wie diesen ungerechten Richter – also als unnahbar, willkürlich, abweisend und ungerecht, kann man ihn zwar bedrängen und hartnäckig bleiben, aber Gott ist in Wirklichkeit ja nicht so. Er ist unser Vater und wir sind seine Kinder. Deshalb sollten die Gläubigen noch *mehr* zu ihm beten. Man braucht ihn mit seinen Gebeten nicht „sturmreif zu schießen", damit er tut, was wir von ihm wollen. Er ist den Menschen wohlgesonnen und bereit, ihnen zu geben, was sie brauchen. Dazu müssten sie sich aber auf Gott einlassen. Nicht in der Theorie, also indem man irgendwelche Sätze über ihn für wahr hält. Man müsste sich in der eigenen Lebenspraxis auf Gott einlassen. Niemand kann die Angst vor den Krisen, die einem im Leben ereilen können, einfach aus der Welt schaffen. Auch nicht mit den Sicherungssystemen und Notfallplänen, die man sich zurechtlegt. Es gibt diesen Kreislauf aus Angst vor Katastrophen und dem reflexhaften Versuch, sich dagegen abzusichern. Das kostet ganz viel Zeit und Kraft, die anderswo besser eingesetzt werden könnten. Man könnte diesen Kreislauf durchbrechen, indem man etwas tut, was allem inneren Gefühl entgegensteht. Statt sich immer weiter abzusichern, müsste man loslassen. Statt Mauern um sich herum zum

Schutz aufzubauen, müsste man sie einreißen. Man müsste der Angst entgegentreten mit dem Vertrauen auf einen Gott, der gerade nicht so ist, wie dieser ungerechte Richter, sondern gütiger als der beste Vater, den man hier auf dieser Erde haben kann. Diese Väterlichkeit Gottes gibt den nötigen Rückhalt und die Bestätigung für das eigene Leben und ist ein viel festeres Fundament, als es jedes mit eigenen Händen erzeugte Fundament je sein könnte. Diese Erfahrung ist es, die lebensentscheidend verändern kann, wenn man sich traut, sie zu machen. Statt krampfhaft an unseren Ideen und Vorstellungen, unseren angesammelten Schätzen festzuhalten, müssten wir loslassen. Wenn man das verstanden hat, ergibt der Satz einen Sinn, den Jesus einmal gesagt hat: „Denn wer sein Leben erhalten will, der wird's verlieren; wer aber sein Leben verliert um meinetwillen, der wird's finden. Was hülfe es dem Menschen, wenn er die ganze Welt gewönne und nähme doch Schaden an seiner Seele?" (Matthäus 16,25-26) Das Leben ist verloren, wenn man sich in der ständigen Absicherung gegen alle Eventualitäten und Möglichkeiten verliert, die einem im Leben ereilen können. Das Leben gewinnt man nur dann, wenn man sich als Mensch vor Gott begreift. Die Identität eines Menschen entsteht nicht aus seinem Status, seinem materiellen Reichtum oder seiner Bildung. Sie entsteht aus dem Vertrauen auf einen Gott, der jeden Tag neu die Voraussetzungen schafft, dass jedes Geschöpf auf dieser Welt leben kann.

- **Tauschen Sie sich darüber aus, wie Ihre Lebenspraxis aussieht: Handeln Sie eher im Vertrauen auf Ihre eigenen Sicherungssysteme oder eher im Vertrauen auf die Versorgung durch Gott?**

Hier ist Platz für Ihre eigenen Notizen.